V&R

Mirjam Zimmermann

Feste in den Weltreligionen

Narratives Unterrichtsmaterial für die Sekundarstufe I

Vandenhoeck & Ruprecht

Mit 31 Abbildungen

Bibliografische Information der Deutschen Nationalbibliothek

Die Deutsche Nationalbibliothek verzeichnet diese Publikation in der Deutschen Nationalbibliografie; detaillierte bibliografische Daten sind im Internet über http://dnb.d-nb.de abrufbar.

ISBN 978-3-525-77011-5

Weitere Ausgaben und Online-Angebote sind erhältlich unter: www.v-r.de

Umschlagabbildung: Fotolia © maglara

Abbildungen
S. 37: Fotolia/Jasmin Merdan; S. 45: Fotolia/maglara; S. 58: Fotolia/Piotr Marcinski; Fotolia/CE Photopraphy; S. 61: Fotolia/JiSign; S. 69: akg/Bildarchiv Steffens; S. 70: Wikimedia/Dontworry; S. 81: Shutterstock/mikhail; S. 89: Wikimedia/Biswarup Ganguly; Wikimedia/Andreas Praefcke; Fotolia/Piotr Marcinski; imago/Xinhua; imago/epd; imago/imagebroker; imago/ITAR-TASS; S. 90: imago/Xinhua; imago/Indiapicture

Printed in Germany.

Satz: SchwabScantechnik, Göttingen
Umschlag: SchwabScantechnik, Göttingen
Druck und Bindung: ⊛ Hubert & Co., Göttingen

Gedruckt auf alterungsbeständigem Papier.

Inhalt

Einleitung

In den Konzepten der gegenwärtigen Religionspädagogik stellt die direkte Begegnung den »Königsweg interreligiösen Lernens« dar.[1] Die direkte Begegnung zwischen den Angehörigen unterschiedlicher Religionen ist aber gerade im Modus des Festes nur selten authentisch möglich. Weil man in unterschiedlichsten schulischen Situationen der direkten Begegnung, bei Einladungen von Repräsentanten, Besuchen von Moscheen etc., häufig gerade an außerschulischen Lernorten auch missglückte Begegnungen erleben kann[2], steht in dem hier vorgestellten Unterrichtskonzept zwar auch die Begegnung im Leben als zentrales Prinzip des Erwerbs religiöser Kompetenz im Vordergrund. Die Begegnung ist aber eine indirekte, mittelbare, literarisch vermittelte, was aber nicht unbedingt eine weniger intensive Erfahrung sein muss.

Die Idee eines narrativen interreligiösen Lernens geht von der These aus, dass Erzählungen einerseits Wirklichkeitsreflexionen darstellen, bei denen Plot und Protagonisten Konkretion und Lebensnähe ermöglichen, andererseits aber in ihrer Fiktionalität idealisierte Reduktionen sind. Dies ist didaktisch wertvoll, denn in der Form der Erzählung wird eine Welt handhabbar, die sich sonst gemessen an der Vielfalt und Komplexität der Lebensvorgänge einem unmittelbaren Zugriff entzieht. Die mediale Reduktion ist jedoch nur die eine Seite der Medaille. Die sprachliche Unvollständigkeit und Ergänzungsbedürftigkeit eröffnet zugleich einen Raum der stellvertretenden Teilhabe des Rezipienten.[3]

Für Kinder im Alter von 9–12 Jahren wird deshalb in dieser Unterrichtshilfe eine fortlaufende Erzählung von drei Freundinnen als Leitmedium angeboten, um den Erwerb interreligiöser Kompetenz in sachlicher, kommunikativer und gestalterischer Hinsicht durch dieses Leitmedium zu unterstützen. Hier steht auch die menschliche Begegnung zwischen Peers im Zentrum der Darstellung, diese wird jedoch narrativ vermittelt und lädt auf unterschiedlichen Ebenen zur Identifikation ein. Anforderungssituationen und Handlungsimpulse entstehen so jeweils altersspezifisch aus der Situation heraus. Das wird praktisch in einer Unterrichtseinheit für 10–15 Stunden ausgeführt, zu der jeweils eine ca. 10-minütige Erzählung mit fortlaufender Handlung und ein Vorschlag für den Stundenverlauf angeboten werden. Arbeitsmaterialien als Kopiervorlagen erleichtern die Vorbereitung. Es liegen allerdings auch viele weitere Kinder- und Jugendbücher zum Thema vor, die ein Medium für interreligiöses narratives Lernen bieten.[4]

Im Kommentar zur Unterrichtseinheit ist eine kleine Skizze zur Unterrichtsdramaturgie zu finden, der mögliche weitere Themen angefügt sind, zu denen die Erzählung Gesprächsanlässe bietet. Als Kopiervorlagen folgen anschließend die einzelnen Abschnitte der Erzählung sowie dazugehörige Arbeitsmaterialien.

Folgende Kompetenzen können in dieser Unterrichtseinheit erworben werden. Sie lehnen sich an den Kernlehrplan für das Gymnasium – Sekundarstufe I in Nordrhein-Westfalen. Dortmund 2011, 16–25 an.

Sachkompetenz

Die Schülerinnen und Schüler

- identifizieren und unterscheiden innerhalb des Jahreskreises christliche, jüdische und muslimische Feiertage;
- kennen Anlass, Inhalt und Bedeutung der großen Feste im Christentum, Judentum und Islam;
- identifizieren religiöse Rituale im Lebenslauf und ihre jeweilige Festkultur exemplarisch in den drei Religionen Judentum, Christentum, Islam;
- erklären solche Übergangsrituale als religiös gestalteten Umgang mit bedeutsamen Lebenssituationen;
- ordnen religiöse Ausdrucksformen der jeweiligen Religion zu und beschreiben die Funktion für den Glauben;
- erkennen Unterschiede und Gemeinsamkeiten in religiösen Praktiken unterschiedlicher Religionsgemeinschaften;
- formulieren einen eigenen Standpunkt zu religiösen Fragen, Problemen und Auseinandersetzungen.

Dialogkompetenz

Die Schülerinnen und Schüler

- setzen sich mit den literarisch dargestellten Positionen anderer religiöser Überzeugungen sowie deren Argumenten auseinander;

- erleben narrativ erste Ansätze für eine Verständigung, die sie selbst aufgreifen und weiterentwickeln;
- begegnen im narrativen und unterrichtlich weitergeführten Dialog den Vorstellungen von Gott und den Ausdrucksformen und Lebensregeln anderer Religionen fragend-interessiert und respektvoll;
- vergleichen exemplarisch Übergangsrituale verschiedener Religionen miteinander und finden Unterschiede und Gemeinsamkeiten.

Gestaltungskompetenz

Die Schülerinnen und Schüler
- beschreiben anknüpfend an Lenas Erfahrungen die Bedeutung religiöser Ausdrucksformen für den Umgang mit existenziellen Erfahrungen und entwickeln Perspektiven für eine eigene Haltung dazu.

Methodenkompetenz

Die Schülerinnen und Schüler
- entnehmen einer fortlaufend vorgelesenen Geschichte Informationen zu religiösen Festen;
- bündeln Informationen zu Personen, Orten und Festen in einer Mindmap;
- erschließen sich offene Fragen durch eine angeleitete Recherche zu interreligiösen Fragen im Internet;
- deuten muslimische Bilder und können exemplarisch die spezifisch religiösen Darstellungen in Christentum, Judentum und Islam erklären.

Die Erzählung und die praktischen Umsetzungen sind mit großem Engagement im Sommersemester 2013 im Fachpraktikum am evangelischen Gymnasium in Siegen entstanden. Ich danke den Fachpraktikantinnen und Fachpraktikanten Alina Wagner, Kim Larissa Dorr, Constantin Pantel, Kerstin Scheler, Lisa Unruh, Alfred Wiens und dem Fachlehrer Martin Albrecht für ihre kreativen Ideen, der damaligen Klasse 5c für die begeisterte Umsetzung und dem Seminar »Interreligiöses Lernen« im Wintersemester 2013/14 für die Erprobung, Korrekturen, Ausarbeitungen und Fortschreibungen. Außerdem bin ich Havva Alpaslan (Siegen) für Kritik und Anregungen von islamischer Seite und Chana Kalimi (Mainz) für die Durchsicht des jüdischen Teils in Dankbarkeit verbunden, ebenso meinen Mitarbeitern Saskia Flake, die das Format eingerichtet, und Julian Enners, der Korrektur gelesen hat. Meinen lieben Kollegen Michael Landgraf (Neustadt), Prof. Dr. Thomas Naumann (Siegen) und Prof. Dr. Karlo Meyer (Saarbrücken) bin ich für ihre konstruktiven Anmerkungen ebenfalls zu Dank verpflichtet.

[1] Ausgeführt bei Zimmermann, Mirjam, Interreligiöses Lernen narrativ. Göttingen 2015, 40–43.

[2] Vgl. ebd., 42–45.

[3] Ausgeführt ebd., 46–57.

[4] Ebd., 57–68.

Die Unterrichtseinheit

Bevor die Einzelstunden mit einem möglichen Ablauf, thematischen Ergänzungen, der Erzählgrundlage und notwendigen Materialien aufgeführt werden, soll in Form einer Tabelle ein Überblick über die Handlung, die Themen, die beteiligten Personen und der Bezug auf die Feste ermöglicht werden. Danach folgen Tabellen, die grundlegendes Wissen zu den Festen im Judentum, im Islam und im Hinduismus als Überblick zusammenstellen. Die Bedeutung von Festen für interreligiöses Lernen ist in einer separaten Publikation ausgeführt, die auch die Chancen narrativen Lernens in interreligiösen Lernprozessen umfassender darstellt.[5]

Im Folgenden werden vorab knapp einige wesentliche Hintergrundinformation gegeben, die auf Spezifika in den einzelnen Religionen hinweisen.

Jüdische Feste

Der jüdische Kalender ist ein Lunisolarkalender. Er umfasst in erster Linie 12 Mond-Monate. Durchschnittlich alle nicht ganz drei Jahre wird ein dreizehnter Mond-Monat hinzugefügt, um die Differenz zum Sonnen-Jahr wieder auszugleichen. Das ist sehr wichtig, da die meisten jüdischen Feste an die Jahreszeiten gebunden sind.

Islamische Feste

Die Muslime orientieren sich nicht am Gregorianischen Kalender, sondern am Mondkalender. Deshalb hat das islamische Festjahr nicht 365, sondern 354 Tage. Dementsprechend verschieben sich die religiösen Feste gegenüber dem Sonnenkalender jedes Jahr um elf Tage nach vorn, im Schaltjahr um zwölf Tage.

Hinduistische Feste

Es gibt im Hinduismus mehr als 1000 Feste, also mehr als das Jahr Tage hat.[6] Allerdings wird kaum eines der Feste tatsächlich überall gleichzeitig gefeiert. Das kommt daher, weil einerseits die Feste-Kalender immer noch uneinheitlich sind, andererseits die Feste jeweils für eine andere Gottheit gefeiert werden und die sind äußerst vielfältig und regional unterschiedlich. Dabei gibt es drei Arten von Festen: 1. Feste, bei denen man sich an Ereignisse oder Legenden erinnert (Puranische Feste), 2. Tempelfeste, bei denen Bilder der Tempelgottheiten durch Prozessionen gefeiert werden und 3. werden Geburtstage von göttlichen Inkarnationen wie z. B. Krishnas gefeiert.

[5] Vgl. Zimmermann, Mirjam, Interreligiöses Lernen narrativ. Göttingen 2015. Hier findet sich auch eine ausführliche Literaturliste.

[6] Vgl. Sieg, Ursula, Fest in den Religionen. Werkbuch für Schulen und Gemeinden. Düsseldorf, 2003, 128–130.

Die Erzählung

Kapitel	Inhalt	Hauptthema	Aktion	Nebenthema	Personen
Kapitel 1: »Der Umzug«	Lena muss von Mainz nach Siegen ziehen, weil ihr Vater eine neue Arbeit gefunden hat. Sie bekommt ein Erinnerungsheft mit Tipps von ihrer alten Klasse. In Siegen ist alles fremd und damit schlechter als in Mainz. Sie findet einen Brief des Vorbewohners ihres Zimmers, Rana aus Indien, mit der Aufforderung, ihr zu schreiben.	Fremdheit nach Umzug Christliche Feste Bedeutung von Festen	Seite eines Erinnerungsbuches gestalten Festvorstellung christliche Feste	Heimweh Verhalten in der Schule Verkleidung – Purimfest	Lena, Lenas Vater und Mutter, ihre Brüder Johannes und Matthias, Rana
Kapitel 2: »Muslimische Nachbarn«	Lena und ihre Familie bekommen Hilfe beim Einzug in ihre neue Wohnung durch ihre muslimischen Nachbarn, die Familie Yilmaz. Am ersten Morgen in der neuen Wohnung überlegt Lena, was sie schon alles über den Islam weiß. Besonders das frühe Gebet ihrer Nachbarn, welches sie durch ihre Zimmerwand hören kann, oder das Kopftuch von der Nachbarstochter Elif werfen bei Lena Fragen auf.	Fremde Religion Islam Gebet	Fragen zum Gebet im Islam und im Christentum beantworten	Heimweh Kopftuch tragen Bedeutung von Kleidung Shoppen Fünf Säulen des Islam	Familie Yilmaz: Vater Oktay, Mutter, Tochter Elif, zwei unbenannte Söhne
Kapitel 3: »Die Familie Goldberg und die unbekannten Feste«	Am ersten Morgen in Siegen trifft Lena auf das jüdische Nachbarsmädchen Sarah Goldberg. Beide freunden sich an und Sarah erzählt Lena vom Purimfest, welches gerade stattfand. Sarahs Familie hat vor wenigen Tagen erst einen Sohn namens Levi bekommen und lädt Lenas Familie zu seiner Beschneidungsfeier ein.	Purimfest Brit Mila	Fragen über die Beschneidungsfeier beantworten, Rollenspiel: Lena – Vater: Einladung Beschneidungsfeier Eine E-Mail mit Fragen an Rana schreiben	Esthergeschichte zum Purimfest Hamantaschen	Familie Goldberg: Sarah, Mutter Mirjam, Vater Avraham und ihre Brüder Reuven und der neugeborene Levi
Kapitel 4: »Der erste Schultag«	Lenas erster Schultag in der neuen Schule ist gekommen. Schnell stellt sich heraus, dass ihre neue Klasse sehr nett ist und Lena ist erleichtert. Besonders freut sich Lena, dass auch Elif in ihrer Klasse ist. Beide treffen sich nach der Schule und weil Elif gerade fastet, lernt Lena etwas über den Fastenmonat Ramadan.	Erster Schultag Ramadan	Lückentext zum Ramadan und der christlichen Fastenzeit	Wiederholung bereits bekannter Personen Christliche Fastenzeit	Elif und ihre Brüder: Ergün und Metin; Herr Müller, Elifs Mutter
Kapitel 5: »Der neunarmige Adventskranz«	Ein halbes Jahr ist vergangen und der erste Schnee fällt in Siegen. Lena freut sich sehr auf die Weihnachtszeit und schmückt die Wohnung. Die Familie Goldberg dagegen stellt einen Leuchter ins Fenster, der Sarah dazu veranlasst Lena über Chanukka zu erzählen.	Chanukka	Quizspiel zu Chanukka	Weihnachten, Weihnachtsbaum Chanukkia, Dreidel	Elif, Lenas Mutter und Vater, Sarah und ihr Vater

Kapitel	Inhalt	Hauptthema	Aktion	Nebenthema	Personen
Kapitel 6: »Ganz neue Begegnungen«	Nach Weihnachten und Silvester trifft sich Lena erneut mit Elif. Dabei fällt ihr besonders Elifs großer Bruder Ergün auf. Verwundert muss sie feststellen, dass Muslime kein Weihnachten feiern. Da aber bald die Feier von Mohammeds Geburtstag ansteht, lädt Elif Lena ein, sie und ihre Familie in die Moschee zu begleiten.	Besuch in der Moschee Bilderfrage/-verbot im Islam, Judentum und Christentum	Podiumsdiskussion zur Bilderfrage	Erste Liebe Mohammeds Geburtstag	Elif und Ergün, Oktay und Latifa Yilmaz (Mutter), Elifs Großeltern
Kapitel 7: »Eine Reise in die Vergangenheit«	Lena trifft auf Sarah und wundert sich, warum sie nur einfaches Knäckebrot isst. Sarah klärt sie darüber auf, wie wichtig das von ihr gegessene Brot für ihre Religion ist und erzählt Lena dabei alles über das Pessachfest.	Pessach, Sedermahl Die Geschichte von Mose und dem Auszug aus Ägypten	Bilderquiz zum Sederteller	Laubhüttenfest	Sarah
Kapitel 8: »Ein schlechter Tag«	Lena hat einen furchtbaren Tag. In der Schule hat sie große Probleme in einer Mathearbeit und Krach mit Mitschülern. Dann sieht sie auch noch Ergün mit einem fremden Mädchen und streitet sich mit ihrer Mutter. Als sie darauf aus der Wohnung flüchtet, hört sie ein unbekanntes Geräusch und landet bei Sarahs Familie, die Besuch von ihrem Onkel aus Israel hat. Dieser berichtet gerade über seine letzte Feier zu Yom Kippur und Rosch ha-Schana. Diese Begegnung regt Lena zum Nachdenken an.	Streit und Versöhnung Yom Kippur, Rosch ha-Schana	Rollenspiel zu Streit- und Versöhnungssituationen	Schofarhorn	Ergün, Lenas Mutter, Sarah und ihr Onkel Aaron
Kapitel 9: »Alvida«	Lena ist auf dem Dachboden, um ihre Osterkörbe zu suchen. Sie möchte Sarah, Elif und Ergün damit zu Ostern eine Freude bereiten. Sie macht sich dabei Gedanken darüber, warum Christen überhaupt Ostern feiern. Deshalb ruft sie ihre Oma an, die ihr ihre Fragen beantworten kann. Nach den Osterfeiertagen entdeckt sie auf dem Dachboden einen Sari, woraufhin sie sich an Rana erinnert. In einem Emailkontakt berichtet Rana ihr von dem Holi-Fest, welches die Hindus gerade feiern.	Ostern Holi-Fest	Lichtermeditation Arbeitsblatt zu Lichterfesten in den Religionen	Bedeutung von Licht	Lenas Mutter, Sarah und Elif, Ergün, Lenas Oma und Rana
Kapitel 10: »Rana kommt«	Rana hat einen Besuch in Deutschland angekündigt und Lena hat ihn eingeladen bei ihrer Familie zu wohnen. Ihre Eltern sind aber nicht gastfreundlich, deshalb bietet Elif an, dass Rana gerne bei ihrer Familie wohnen könnte. Zuletzt blickt Lena auf ihre Zeit in Siegen zurück und ist sehr froh so gute Freundinnen gefunden zu haben.	Gastfreundschaft Wiederholung der behandelten Feste in den Religionen	Kreuzworträtsel zu den behandelten Festen der Themenreihe Rückblick zum Erinnerungsbuch der 1. Stunde	Thematischer Rückblick und Abschluss der Reihe	Lenas Mutter, Sarah, Elif und Rana

Überblick über jüdische Feste

	Rosch ha-Schana	Jom Kippur	Sukkot	Simchat Thora	Chanukka	Purim	Pessach/Pesach/Passah	Schawuot
Warum wird gefeiert?	Neujahrsfest, Neubeginn wird gefeiert	Versöhnungsfest	Laubhüttenfest, Erinnerung an die Wanderschaft durch die Wüste – man dankt Gott für die Ernte und dass man ein Zuhause hat	Thorafreudenfest	Tempelweihfest, erinnert an die Weihe des Tempels, Wunder: Öl reichte statt nur für einen für acht Tage	Losfest, erinnert an die Errettung vor der Vernichtung durch den Perserkönig	Wallfahrtsfest, Gedenken an Befreiung aus der Sklaverei	Wochenfest, Schnitterfest, zum Beginn der Weizenernte, Erinnerung an die Gesetzgebung auf dem Berg Sinai
Zentraler Text/ Geschichte		Lev. 16, Buch Jona (Verlangen Gottes nach Umkehr)	Lev. 23, 42f	der letzte und der erste Abschnitt der Thora wird gelesen	Ölwunder bei Einweihung des Tempels, ev. Judith-Geschichte	Esthergeschichte	Geschichte von Mose Errettung aus Ägypten	Empfang der Tora
Wann wird es gefeiert?	Herbst, weil mit der letzten Ernte das Jahr zu Ende war	10. Tag nach Rosch ha-Schana/ Neujahr	15 Tage nach Rosch ha-Schana/ Neujahr, dauert sieben Tage	7. Tag des Laubhüttenfestes	25. Kislew bis 2. Tevet	Frühjahr	Sederabend des 14. Nisan bis Abend des 22. Nisan	50 Tage nach Passah (Mai/Juni)
Wie wird es gefeiert?	Blasen des Schofarhorns = Aufruf zur Besinnung, zur Ein- und Umkehr, zur Buße, zur Opferbereitschaft; in Honig getauchter süßer Apfel wird gegessen, ringförmiges Chala-Gebäck	Strenges Fasten, Beten in der Synagoge um Vergebung aller Sünden, Aussöhnung mit den Menschen, mit denen man im Streit lebt, Blasen des Schofarhorns	Errichtung der Sukkah (= Laubhütte), darin wird während der nächsten sieben Tage mit Verwandten, Freunden und auch nicht-jüdischen Nachbarn gefeiert, gegessen und manchmal übernachtet.	Freudigster Gottesdienst des Jahres, Singen des Thoraliedes, feierliche Umzüge mit Thorarollen, es wird mit den Thorarollen getanzt	Anzünden des neunarmigen Leuchters, an jedem Abend wird ein Licht mehr entzündet; Dreidelspiel (Hebr. Anfangsbuchstaben: »Ein großes Wunder geschah dort«), Hoffnung auf Hilfe Gottes	Fest bunter Verkleidungen und großer Umzüge, Kinder bekommen Süßigkeiten	Essen von grünen und bitteren Kräutern (karge Nahrung), Salzwasser (Tränen), gekochtem Ei (harte Arbeit), (Lamm)-Knochen (Lamm), Fruchtmus (brauner Lehm), Mazzen, Wein	altes Erntefest, Lesungen der 10 Gebote, Schmücken der Synagoge, Essen und Trinken von milchigen Produkten, wenn möglich werden abends/ nachts Thorastudien betrieben oder Vorlesungen gehört.
Verbindung zu christl. Fest	Neujahr	Buß- und Bettag	Erntedank	Ev. Kirchweihfest	Weihnachten	Karneval	Jesus feiert in Jerusalem: Karfreitag/Ostern	Erntedank, bzw. Pfingsten (50 Tage nach Pessach)

Überblick über islamische Feste

	Lailat al-Qadr Nacht der Bestimmung	Id al-Fitr Fest des Fastenbrechens	Id al-Adha Opferfest	Aschura Tag	Weitere Feste/Feste auf dem Lebensweg
Warum wird es gefeiert?	Offenbarung (der ersten fünf Verse) des Koran	Dankfest für Einhaltung des Fastens und Vergebung	Hingabe des Menschen an Gott und Vertrauen auf seine Barmherzigkeit	Es wird des Märtyrertodes von Husain gedacht (Schiiten) Türken: Errettung der Arche Noah	*Muharram/Hidjra:* Erinnerung an die Auswanderung des Propheten von Mekka nach Medina (Beginn der islam. Zeitrechnung) *Lailat al-Miradj:* Fest der Nachtreise/Himmelfahrt des Propheten nach Jerusalem bzw. in den siebenfachen Himmel (Prophetenbegegnung) *Lailat al-Bar'a:* Nacht der Buße *Aqiqa-Zeremonie* (Namensgebung), 6. bzw. 7. Tag nach Geburt: Haare abgeschnitten, Gegenwert des Gewichtes in Gold für die Armen *Fest des ersten Zahns:* Fest, Kind wählt/greift zu Schere (Geschick), Goldstück (Reichtum), Koran (Bildung) *Beschneidung:* Festkleid, Jungen erhalten Geschenke, Prozession nach Moscheebesuch *Hochzeit:* aufwändiges Fest, Frau wechselt Familie *Bestattung:* Bestattung in weißem Tuch (mit Gesicht nach Mekka), Koranlesung in der Moschee
Zentrale Geschichte	97. Sure		37. Sure, vgl. Gen 22 (Opferung Isaaks)	Leiden des Prophetenenkels	
Wann wird es gefeiert?	27. Nacht des Ramadan	Ende der Fastenzeit, drei Tage lang,	10. Woche nach Fastenbrechen, 10. Tag der Hadsch, vier Tage lang	10. Muharram	
Wie wird es gefeiert?	Nacht mit Lichtersymbolik	Süßigkeiten werden verschenkt, Freunde besucht, Gabe an Arme. Türkisch: Şeker Bayramı (»Zuckerfest«)	Schlachtung eines Schafes – Festmahl, Verbundenheit mit Pilgerfahrern, Vorerlebnis der Auferstehung	Prozessionen und Passionsspiele (hist. Ereignisse von Kerbela)	

Überblick über hinduistische Feste

	Holi	Divali – Fest der Lichter, Neujahrsfest	Weitere Feste[7]:
Warum wird gefeiert?	Königssohn überlebt vom Vater initiierten Feuertod, weil er an die Rettung durch die Götter glaubt, Frühlingsfest	Befreiung Sitas, die von Dämonenherrscher Ravana entführt worden war, durch Rama. Erinnerung daran, dass das Gute das Böse überwindet	*Raksha Bandhan:* Fest des Schutzbandes, wird bei Vollmond im Sravana gefeiert. Schwestern schenken Brüdern Armbändern als Bitte um Schutz, bringen roten Punkt als Zeichen von Erfolg auf Stirn des Bruders an. *Shivaratri* (Februar/März): Heilige Nacht, Shiva als Erretter und Sündenvergeber – Durchwachen der Nacht bei Gebet und Gesang *Makara Sankrat:* Sommer- und Wintersonnenwendefest, Friedensfest – Bad im Ganges *Vasanta Nachami:* Frühlingsanfangsfest, Sarawati, der Göttin der Bildung und der Künste geweiht *Tempeldankopfer* 40 Tage nach der Geburt *Entwöhnungsfeier* im 6. Monat (erste feste Nahrung: Reis)
Wer wird verehrt?	Vishnu/Krishna	Vishnu/Laksmi	
Wann wird es gefeiert?	14. Sukla des Monats Phalguna	Krsna von Asvina, Oktober	
Wie wird es gefeiert?	Am Vorabend wird ein großes Feuer »holika« abgebrannt – Verbrennung des Bösen; Feuer wird siebenmal umlaufen, Steine, Erde, Reis werden zur inneren Reinigung ins Feuer geworfen (Aschepunkt auf der Stirn als Symbol der Reinigung – Vergebung ist möglich)	Kerzen werden auf Lotusblätter gesetzt und schwimmen den Fluss hinunter. Das soll Unglück vertreiben, Feuerwerk, Kinder bekommen Süßigkeiten	

7 Diese finden sich ausführlicher in: Kirste, Reinhardt/Schultze, Herbert/Tworuschka, Udo, Die Feste der Religionen. Gütersloh 1995, 82–90.

Didaktischer Kommentar

Erster Zugang: Der Umzug - Fremdsein

Einstieg

Wenn eine neue Unterrichtseinheit beginnt, ist es hilfreich, diese Zäsur auch deutlich zu machen. Dafür muss nicht unbedingt gleich zu Beginn das neue Thema genannt werden. In der Geschichte spielt der Umzug eine große Rolle. Viele Schülerinnen und Schüler sind in diesem Alter schon einmal umgezogen und wissen um die Schwierigkeiten und Ängste, mit denen eine solche Aktion verbunden ist. Durch den Wechsel des vertrauten räumlichen und sozialen Umfelds kommt es zu einer Verunsicherung. Die Verhaltensmuster in einer solchen Situation gleichen denen der Begegnung mit fremden Religionen (Ablehnung, fruchtloses Nebeneinander, weil Begegnung gescheut wird, Selbstaufgabe durch Vereinnahmung durch die anderen u. a.). Deshalb soll diese Situation, mit der viele Kinder Erfahrungen haben, aufgegriffen werden. Um darüber ins Gespräch zu kommen, kann zu Beginn eine Umzugskiste mitgebracht werden. Die Gefühle, die die Kinder mit Umzügen verbinden, werden auf Zettel geschrieben und auf die Kiste geklebt (Angst, Freunde verlieren, Außenseiterin sein, alles ist nicht mehr so schön wie vorher, die neuen Kinder sind gemein u. a.). Als Überleitung und Einstieg wird erklärt, dass die Protagonistin der Erzählung, die jeweils die kommenden Stunden bestimmt, auch frisch umgezogen ist. Dann wird direkt das erste Kapitel vorgelesen.

Material

- eine Umzugskiste (gibt es für ca. 2,50 Euro beim Baumarkt oder bei Möbelspeditionen), Zettel, Klebeband
- Ranas Brief kann, wie in der Geschichte beschrieben, in einen Umschlag verpackt und beschriftet mitgebracht und während der Geschichte von einem Kind vorgelesen werden

Ablauf

Material

- M1.1 Sich in der Geschichte zurechtfinden
- M1.2 Ein Erinnerungsbuch: Tipps für die neue Schule
- M1.3 Christliche Feste

Nach dem Vorlesen kann es in einigen Klassen spontan zu Rückfragen oder Kommentaren kommen (siehe thematische Gesprächsanlässe unten). Falls dem nicht so ist, können mit Hilfe einer Mindmap, die zur Orientierung über Personen, Orte und Probleme auch in den folgenden Stunden geführt wird, die Informationen gesammelt werden (M1.1).

In der Geschichte spricht Lena von einem Erinnerungsbuch (M1.2), in das ihre Klassenkameraden der 5. Klasse ihr Dinge zur Erinnerung, aber auch Tipps, wie sie sich in der neuen Situation verhalten soll, geschrieben haben. Auf dieser Seite schreiben die Schülerinnen und Schüler einerseits über sich selbst (Woran sollen sich Mitschüler bei ihnen erinnern?), andererseits werden in den Verhaltensanweisungen Erfahrungen deutlich, die die Kinder mit solchen Fremdheitssituationen gemacht haben:

»Bleibe du selbst!«, »Irgendwann findest du Freunde, halte durch, die ersten Wochen sind hart!«, »Versuche nett zu sein, sprich andere an!«, »Manchmal ist ein Umzug auch eine Chance, mir geht es seither besser als davor.«

Die Seiten werden gestaltet und die Tipps für Lena vorgelesen und evtl. an der Tafel gesammelt. Die Frage »Gelten die Tipps nur für Neue?« kann besprochen werden.

Lena erinnert sich in der Geschichte, dass sie sich nicht gut verhalten hat, als Aische neu in die Klasse gekommen ist. Die goldene Regel fällt hier auf sie zurück, sie hat Angst, dass es ihr genauso gehen könnte.

Auch dies kann als Gesprächsanlass dienen: Was beurteilt man bei einem Neuen oder einer Neuen? Wie wirken Äußerlichkeiten? Wie kann man neuen Mitschülerinnen und Mitschülern eine Gelegenheit bieten, sich kennenzulernen? Was kann man die Neuen fragen, was besser nicht?

Als Vorbereitung der Hausaufgabe werden die christlichen Feste gesammelt, die in der Geschichte vorkommen, und durch weitere Feste ergänzt. Lena hat zu den Festen Fotos gemacht und diese als Erinnerung für sich kommentiert, so steht es in der Geschichte. Das sollen die Kinder auch tun. Dafür werden die Namen der christlichen Feste (Liste unten) entsprechend der Anzahl der Kinder der Klasse auf kleine Zettel geschrieben und verteilt. Zu dem Fest, das das Kind erhalten hat, soll es, wenn möglich, eigene Bilder suchen und aufkleben, wenn vorhanden die biblische Geschichte mitbringen, und kurz erklären, was hier warum gefeiert wird. Die Feste werden in der nächsten Stunde vorgestellt, eigene Erfahrungen der Kinder damit werden eingebunden und durch Referate ergänzt und die gestalteten Seiten werden rund um einen Jahresfestkreis des Kirchenjahres (Weihnachtszeit: 1. Advent bis Dreikönig, Osterfestzeit: Aschermittwoch bis Pfingsten, sonstige Zeit im Jahreskreis) geheftet. Die Lebensfeste (Taufe, Kommunion, Konfirmation, Firmung, Hochzeit, [Beerdigung]) werden daneben gehängt. Damit jedes Kind ein Fest bekommt, sollten die wichtigsten Feste, zu denen Kinder eigene Bilder finden, wie Ostern, Weihnachten, Taufe, Konfirmation u. a., doppelt ausgegeben werden.

Liste der Feste

Advent, Nikolaus, Weihnachten, Dreikönig, Aschermittwoch, Palmsonntag, Karfreitag, Ostern, Christi Himmelfahrt, Pfingsten, Fronleichnam, Mariä Himmelfahrt, Erntedank, Reformationstag, Allerheiligen, Allerseelen, St. Martin, Buß- und Bettag, Taufe, Hochzeit, Konfirmation, Kommunion, (Beerdigung)

Weitere Gesprächsanlässe

- Umgang mit dem Fremden: Ablehnung, Absorption, fruchtloses Nebeneinander, Verweigerung der Begegnung
- Heimweh
- Erinnerungshilfen: Möglichkeiten: Tagebuch, Briefe, Bilder u. a.
- Arbeitslosigkeit und die Folgen für die Familie
- Unterschiede zwischen der katholischen und der evangelischen Konfession
- CVJM
- Bedeutung von Festen: Fest als Beziehungsstärkung, Bedeutung für alte Menschen, Ausbruch aus dem Alltag, Rhythmusgeber, Krisenhelfer, als Katechismus, »Aushängeschild«, »Empfangshalle« und Katalysator für Begegnung[8], besondere Aktionen in der Kirche (Kreuzweg, Osterfeuer, lebendiger Adventskalender u. a.)
- Was meint der Pfarrer mit »ganz besonders fromm«?
- Verkleidung der Familie? Warum verkleidet man sich? Wann wird das in verschiedenen Kulturen gemacht? Evtl. Verweis auf das jüdische Purim-Fest
- Indien: Religion, Namen, Tempel
- Bethel: Diakonische Einrichtung mit vielen Kliniken und Wohnräumen für Menschen mit Handicaps
- der Sinn von Beten, erfolglose Gebete

[8] Vgl Sieg, Ursula, Feste der Religionen. Werkbuch für Schulen und Gemeinden. Düsseldorf 2003, 146–148.

Zweiter Zugang: Dem Fremden begegnen

Einstieg

Lena wacht von einem »komischen Singsang wie von einer anderen Welt« auf, den sie von der Wohnung auf der anderen Seite ihrer Schlafzimmerwand hört. Es wäre denkbar, zum Einstieg in die Stunde den Ruf eines Muezzins als Aufnahme (findet sich auf YouTube) abspielen zu lassen. Dieser Gebetsruf wird beschrieben, das christliche Äquivalent (Glockenläuten als Einladung in die Kirche) wird besprochen. Auch hier soll die kulturelle und religiöse Fremdheit deutlich werden. So wie das Glockengeläut bei Fernsehgottesdiensten übertragen wird, kann man den Ruf des Muezzins ebenfalls im Fernsehen oder im Radio empfangen.

Ablauf

Material

- M2.1 Wer wohnt wo?
- M2.2 Das Gebet im Islam

Nach dem kurzen Einstieg über das akustische Signal »Muezzinruf« wird davon ausgehend das zweite Kapitel der Erzählung vorgelesen. Mit Hilfe der Hausabbildung können alle bekannten Personen eingetragen werden, um sich über die Personen wieder in die Handlung einzufinden und diese zu wiederholen.

Zentral soll in diesem Kapitel über das Gebet gesprochen werden. Dafür wird zuerst gesammelt, wie, wann und warum die Kinder der Klasse beten.

Lenas Fragen bestimmen dabei den Gang des Gesprächs:

- Ist es wichtig, welche Position man einnimmt und an welchem Ort man betet?
- Nach welchen Kriterien Gott wohl die Gebete auswählt, die er erfüllt?
- Lohnt es sich, auch für Dinge zu beten, an die man selbst nicht (mehr) glaubt?
- Wie betet Lena? Wann und mit wem betet sie?
- (Wie) betet ihr zu Hause? Wann? Habt ihr ein festes Gebet oder betet ihr frei?

Um Informationen zu bekommen, wie im Islam gebetet wird, wird der Text »Das Gebet im Islam« gelesen, in dem ein Kind erklärt, wie bei ihm in der Familie gebetet wird. Damit kann ein Tafelbild zur Gegenüberstellung des Gebets im Islam und im Christentum angefertigt werden.

Denkanstoß für das Abschlussgespräch könnte sein: Stellt euch vor, Lena ist bei der Familie Yilmaz zum Kaffeetrinken eingeladen und es wird Zeit für ein Gebet der Familie. Wie könnte Lena sich nun verhalten?

Weitere Gesprächsanlässe

- Welche Gotteshäuser wurden schon besucht? Wer war schon in einer Synagoge oder Moschee, welche Besonderheiten gibt es dort?
- Wo haben die Schülerinnen und Schüler schon Gastfreundschaft und solche außergewöhnliche Hilfsbereitschaft erfahren, wo waren sie selbst schon daran beteiligt?
- Wie sieht ein Koran aus? Was steht da drin? Wie ist er aufgebaut?
- Wie heißt die fünfte Säule im Islam?
- Soll man im Religionsunterricht Klassenarbeiten schreiben?
- Wie kann Lernen sinnvoll sein, sodass man die Inhalte nicht nur für die Überprüfung in Erinnerung behält?
- Was ist das Schöne am »Shoppen«?
- Sind kleine Kinder nur lieb oder können die auch schon böse sein/schuldig werden/sündigen?
- Hunde als Haustiere, Ablehnung der Eltern

Dritter Zugang: Purimfest und Beschneidungsfeier

Einstieg

Ein Päckchen mit Purimkeksen verpackt in einer bunten Schachtel kann ein schöner Stundeneinstieg sein, der die Aufmerksamkeit bündelt, denn alle sind neugierig, was da drin verpackt sein könnte. Das Päckchen wird ausgepackt, ein Schüler beschreibt für die anderen, wie die Purimkekse schmecken, je nach Klasse können dann alle versuchen oder die Verkostung wird auf das Ende der Stunde verschoben, um nicht zu viel Unruhe zu produzieren. Denkbar ist auch, die Geschichte bis zur möglichen Unterbrechung vorzulesen und dann das Päckchen zu öffnen.

Ablauf

Material

- M3.1 Die Purimgeschichte
- M3.2 Rezept für Hamantaschen
- Rasseln/Ratschen

Im Anschluss wird die Geschichte vorgetragen, die Kinder werden gefragt, ob sie die Esthergeschichte kennen. Diese wird dann entsprechend des Purimbrauchs vorgelesen (vgl. Geschichte in M3.1 oder unter der jüdischen Kinderbibel: www.zwst-hadracha.de) und jeweils wird mit den Rasseln gerasselt, wenn der Name *Haman* genannt wird. Die Handlung wird noch einmal wiederholt, indem die Schülerinnen und Schüler sich gegenseitig die Geschichte nacherzählen. Gemeinsam wird überlegt, warum die Esthergeschichte auch im Christentum bekannt ist (vielleicht konnten manche Kinder aus Kinderbibelwochen, dem Kindergottesdienst oder Ähnlichem davon erzählen), die gemeinsame Schriftgrundlage kommt in den Blick.

Zweites Thema ist die Beschneidung, die durchaus auch eine zweite Stunde ausfüllen könnte. Anhand des kurzen Lexikontextes können die Schülerinnen und Schüler in Einzelarbeit die Leitfragen bearbeiten. Je nach Interessenslage der Kinder kann an dieser Stelle durchaus auch kontrovers zum Thema diskutiert werden.

Die beschriebene Szene am Ende inspiriert zu einer Diskussion zwischen Lena und ihrem Vater. Argumente für beide Seiten werden in Gruppen gesammelt, dann wird ein solches Zweiergespräch als szenisches Spiel inszeniert.

Weitere Gesprächsanlässe

- Sich neu in einer Stadt orientieren, was hilft dabei?
- Warum wirkt alles Fremde erst einmal abschreckend und negativ?
- Wie verhält man sich, wenn man mit jemandem Kontakt aufnehmen möchte?
- Festgebäck im Christentum (Martinsmänner, Weihnachtsplätzchen u. a.) und im Islam
- Das »Alte« Testament als Teil der christlichen Bibel
- »Peinliche« Rituale: Beschneidung, Segnung, Heilungsrituale etc.

Vierter Zugang: Ramadan und Fastenbrechen

Einstieg

Material

- Kopftuch (Elif), Kappe (Johannes), Rassel (Sarah)

Zur Hinführung und Wiederholung der Geschichte steht zu Beginn der Stunde eine Rollenbefragung. Dazu werden die Namen der Schauspieler – Sarah, Lenas Bruder Johannes, Elif und Lena – an die Tafel geschrieben, sodass sich die Schauspieler dort aufstellen können. Elif bekommt ein Kopftuch, Johannes eine Kappe, Lena ihren Schulranzen, Sarah die Rassel.

Die Schülerinnen und Schüler dürfen nun die Personen hinsichtlich der vorhandenen Informationen, aber auch hinsichtlich neuer Dinge befragen, die dann aus der jeweiligen Perspektive heraus beantwortet werden sollen.

Die Befragung kann sowohl vor als auch nach dem Vorlesen dieses Kapitels erfolgen.

Ablauf

Material

- M4.1 Fasten in Islam und Christentum
- M4.2 E-Mail an Rana

Obwohl das Kapitel manche Gesprächsanlässe bietet, soll die inhaltliche Ausrichtung auf das Thema »Ramadan – Fasten« fokussiert werden. Nach der inhaltlichen Sicherung mit Hilfe der Rollenbefragung, durch die ein Rollenwechsel (Mann–Frau, Aspekte religiöser Identität) eingeübt wird, kann in einem Unterrichtsgespräch Ramadan/Fastenbrechen zum Thema gemacht werden. Mit Hilfe des Arbeitsblattes können die Schülerinnen und Schüler aus den Informationen der Erzählung die Lücken der linken Seite füllen. Gemeinsam können in Partnerarbeit die Aspekte der rechten Seite (christliche Fastenzeit) zusammengetragen werden. Als Hausaufgabe stehen die Reflexion der Erfahrungen mit Fremdsein und Lenas Interesse an anderen Religionen im Zentrum, wenn die Schülerinnen und Schüler die E-Mail an Rana schreiben sollen.

Weitere Gesprächsanlässe

- Segen, Segensrituale
- Glücksbringer, christliche Zeichen und Symbole wie z. B. Lenas Engel – Glaube/Aberglaube
- Gruppendruck durch Kleiderordnung
- Bedeutung des Kopftuchtragens im Islam
- Sinn und Unsinn von Hausaufgaben
- »Sieben Wochen ohne« – sinnvolle Fastenaktionen, wie können sich Kinder da beteiligen, wo zeigen sich Abhängigkeiten?
- Braucht Gott Opfer?
- Sinn des Fastens

Lösungen M 4.1

Jeweils in den Spalten von oben nach unten:

1. Spalte: 9., Mohammed, Koran, Sonnenaufgang, Sonnenuntergang, Allah, Gebet.
2. Spalte: Mohammed, 9., Offenbarung, essen, trinken, Fastenbrechen.
3. Spalte: Aschermittwoch, Ostern, 40, nein, Ostersonntag.
4. Spalte: Jesus, Passion/Leidensweg, Süßigkeiten/Fernsehen, etwas, das ihnen wichtig ist, Gott, Jesu Christi.

Fünfter Zugang: Chanukka

Einstieg

Die Umzugskiste, die auf der einen Seite mit »Lena«, auf der anderen Seite mit »Sarah« beschriftet ist, steht zu Stundenbeginn auf dem Pult. Die Lena-Seite ist sichtbar, der Aufkleber »Weihnachten« verweist auf den Inhalt. Zum Einstieg könnte ein Unterrichtsgespräch stattfinden, das Requisiten zu Weihnachten zum Thema hat: Haben die Kinder selbst schon Dinge, mit denen sie ihr Zimmer schmücken? Warum macht man das? Inwiefern erscheint das sinnvoll? Im Anschluss oder um das Gespräch in Gang zu bringen, können einige Requisiten aus der Kiste geholt werden (Sterne, Krippe, Leuchter, Lichterketten u. a.). Gibt es solche Festrequisiten auch in anderen Religionen?

Ablauf

Material

- M5.1 Das Dreidelspiel
- M5.2 Infos für das Quiz
- M5.3 Mögliche Fragen und Stichfragen
- M5.4 Quizfragen – Karten
- M5.5 Das Fenster der Familie Goldberg

Die Erzählung wird vorgelesen, aber an vier Stellen unterbrochen und jeweils durch eine Aktion vertieft.

1. Unterbrechung: Meine Weihnachtskiste

Will man die Stunde mit der Erzählung beginnen, kann das Gespräch (s. o.) an dieser Stelle integriert werden.

2. Unterbrechung: Die Channukia

Die Umzugskiste wird umgedreht, nun kann eine Schülerin oder ein Schüler die auf der rechten Seite deponierten Channuka-Requisiten herausholen. Der Leuchter wird betrachtet, beschrieben, über seinen Einsatz wird gemutmaßt.

3. Unterbrechung: Der jüdische Kalender

Wie sicherlich die Mehrheit der Schülerinnen und Schüler leicht berechnen kann, leben wir 2015 nach jüdischem Kalender im Jahr 5776. Da der jüdische Kalender ein Lunisolarkalender ist, orientiert er sich sowohl am Mondjahr als auch am Sonnenjahr. Er benötigt deshalb eine Schaltregulierung zum Ausgleich sowohl für das Mond- als auch das Sonnenjahr, denn die jüdischen Feste sind eng mit der Jahreszeit verbunden und haben teilweise Naturereignisse oder landwirtschaftliche Bräuche zum Inhalt.

4. Unterbrechung: Der Dreidel

Der Dreidel wird gezeigt, eventuell exemplarisch in Aktion vorgeführt. Die Lehrerin erklärt die Spielregeln des Dreidelspiels, die als Smarties-Aktion nachgespielt werden kann.

Denkbar ist auch, den Schülerinnen und Schülern schon beim Vorlesen den Hörauftrag zu geben: Welches Fest wird in dem Kapitel genannt? Wie wird das Fest gefeiert? Welche Gegenstände sind bei diesem Fest wichtig?

Ein Quiz kann Inhalte dieser und der letzten Stunden wiederholen. Fragen dazu können von den Schülerinnen und den Schülern selbst ausgedacht und gesammelt und z. B. nach dem Modell einer gerade aktuellen Quizsendung umgesetzt werden.

Eine Möglichkeit zur Gestaltung finden die Schülerinnen und Schüler mit dem »Fenster der Familie Goldberg« (M5.5). Hier können sie die erworbenen Informationen kreativ visualisieren. Davor kann ein Film (4 Min) den Ablauf veranschaulichen (→ http://www.de.chabad.org/library/article_cdo/aid/2400489/jewish/Wie-zndet-man-die-Chanukka-Kerzen-an.htm).

Weitere Gesprächsanlässe

- verschiedene Kalender, die religiöse Bezüge aufweisen, und der Vergleich der Jahreszahlen
- Weihnachten: Brauch und christliche Tradition
- die Zukunft im Jahre 5776

Sechster Zugang: Die Bilderfrage in den verschiedenen Religionen

Einstieg

In vielen größeren Städten gibt es Moscheen, deren Bild als Einstieg in die Stunde verwendet werden kann: »Kennt ihr das Gebäude, das auf dem Bild dargestellt ist?« Gemeinsam wird überlegt und evtl. um das Folienbild geschrieben, wozu ein solches Gebäude da ist (Beten, Treffen, Feste feiern, evtl. Kulturveranstaltungen u. a.).

Ablauf

Material

- M6.1 Bilderverbot im Islam
- M6.2 Mohammed vor der Kaaba
- M6.3 Bilderverbot im Judentum
- M6.4 Bilderverbot im Christentum

Die Erzählung wird an der Stelle unterbrochen, an der es um das Bild geht.

Wisst ihr, wo das Bild hängt?
In der Erzählung hängt das Bild im Wohnzimmer der Yilmaz.

Was ist auf dem Bild zu erkennen?
Auf dem ersten Bild sieht man Mohammed vor der Kaaba, sein Gesicht ist weiß, sein Kopf wird als goldene Flammen dargestellt.

Wisst ihr, warum das Gesicht auf dem Bild nicht dargestellt wird?
Oktay Yilmaz sagt, dass das Gesicht möglichst nicht abgebildet wird, damit die Aufmerksamkeit nicht auf Mohammed, sondern auf seinem Wort, das die Offenbarung Allahs darstellt, liegt. Abbildungen von Geschöpfen waren zeitweise sogar ganz verboten, um Allahs Schöpferkraft nicht in Frage zu stellen.

Nach dem Vorlesen der Geschichte kann kurz über das Thema »Bilderverbot« gesprochen werden, wie es in der Erzählung vorkommt. Lena denkt: »Religion ohne Bilder schien ihr unmöglich, sie sah vor ihrem inneren Auge Gott als Hirte, Jesus am Kreuz«. Hier könnte weiter gesammelt werden, welche Bilder die Kinder vor Augen haben, die ihnen wichtig sind.

Dieses Thema steht im Zentrum der Erarbeitung der Stunde. Ziel soll sein, eine vorbereitete Podiumsdiskussion zur Frage »Brauchen wir Bilder, um uns Gott deutlich zu machen oder näher zu bringen?«, durchzuführen. Dafür liegen drei Sachtexte vor, die sich mit dem Umgang mit Bildern in den drei Religionen beschäftigen. Diese Texte sollen jeweils in Einzelarbeit nach den Leitfragen erarbeitet werden, bevor die Thesen zum gleichen Text in Partnerarbeit abgestimmt werden.

Weitere Gesprächsanlässe

- erste Liebe, rot werden
- offenes Haus/Gastfreundschaft
- Feier zu Mohammeds Geburtstag
- Pilgern (hier könnte auch eine Hausausaufgabe mit einem Rechercheauftrag verbunden werden: Wie könnte der Großvater in Ich-Form über seine Hadsch berichten?)
- Tabu, über Geld und Religion zu reden
- Eltern bestimmen über/beeinflussen Freundschaften
- Ausländerfeindlichkeit bei engen Freundschaften von Seiten der Deutschen, warum? Wie kann man damit umgehen?
- Was schmeckt? Vertrautes/Fremdes/ein bisschen Fremdes
- Bedeutung von Jerusalem

Siebter Zugang: Das Pessach-Fest

Einstieg

Für das Pessach-Fest, das im Zentrum der Stunde steht, ist die Kenntnis der Mosegeschichte und darin vor allem die der Plagen sehr wichtig. Als Einstieg könnte die Playmobildarstellung der Plagengeschichte bzw. sogar der ganzen Mosegeschichte wiederholend gezeigt werden.[9] Denkbar wäre auch, Bilder der Mosegeschichte z. B. aus einer Kinderbibel sortieren zu lassen und an ihnen die Geschichte wiederholend zu besprechen.

Ablauf

Material

- M7 Der Sederteller

Die Geschichte kann medias res vorgelesen werden, es kann auch noch einmal wiederholt werden, was bisher an Aspekten zu den Religionen schon behandelt worden ist. Dies kann auch an der Stelle im Text passieren, bei der Lena sich an Brit Mila, Chanukka u. a. erinnert. Unterbrochen wird die Erzählung an einer Stelle, an der nun noch einmal wiederholt wird, was an der Mosegeschichte aus der Perspektive der Israeliten wichtig ist.

Im Anschluss wird das Material zum Sederteller verwendet, bei dem die Textausschnitte den Bildern zugeordnet werden.

Weitere Gesprächsanlässe

- Helfen müssen
- Putzen, Putzfimmel, Umgang mit Ordnung
- Unterschiede zwischen Söhnen und Töchtern
- Geschichten erzählen aus der eigenen Familie, der eigenen Tradition – welche?
- Bedeutung biblischer Erinnerungsgeschichten
- Gottes dunkle Seite (Plagen u. a.)
- Festtagsgebäck in den Religionen (christlich, z. B. Weihnachtsplätzchen, Osterbrot u. a.)
- Symbolik der Zutaten, z. B. auch Brot und Wein im Abendmahl

[9] Siehe http://www.religio.eu/aktionen-mose-bildergeschichte-3.html (Zugriff am 19.09.2014).

Achter Zugang: Rosch ha-Schana, Jom Kippur

Einstieg

Zu Beginn der Stunde wird ein Schofarhorn gezeigt. 2–3 Schülerinnen oder Schüler können versuchen, einen Ton herauszubekommen. Vielleicht wird ein Ton bzw. eine Melodie vorgespielt, um zu zeigen, dass es wie eine Mischung zwischen Trompete und Posaune klingt. Vielleicht hilft eine Aufnahme.[10] Die Bedeutung des Horns wird aber nicht erklärt, sondern es wird auf die Erzählung verwiesen. Alternativ kann auch ein Bild von einem Schofarhorn gezeigt werden (M8.1).

Ablauf

Material

- M8.1 Das Schofarhorn
- M8.2 Hilfe für das Rollenspiel: mögliche Konflikte

Denkbar ist auch, direkt mit der Geschichte anzufangen und das Horn an der entsprechenden Stelle tönen zu lassen. Nach dem Vorlesen bietet es sich an zu fragen, wie die Geschichte weitergehen könnte. Wie könnte Lena sich versöhnen? Dazu werden Versöhnungsrituale aus dem Text zusammengetragen und eine mögliche Handlungsoption für Lena wird überlegt.

In einem selbst überlegten Rollenspiel (für unkreative Gruppen gibt es Konfliktsituationen auf Rollenkarten) sollen Streiten und Versöhnen »geübt« werden. Möglichkeiten werden an der Tafel gesammelt.

Weitere Gesprächsanlässe

- Handy-Terror
- Weglaufen
- Bedeutung von Großeltern
- erste Liebe, Verhalten vor Anderen
- Eifersucht

[10] Unter http://www.youtube.com/watch?v=686SoqV70y0 (Zugriff am 19.09.2014).

Neunter Zugang: Ostern und das hinduistische Holi-Fest

Einstieg

Denkbar wäre, mit einem Sari anzufangen, den Lena auf dem Dachboden gefunden hat. Dieser wird als Beispiel für ein traditionelles Kleidungsstück aus Indien gezeigt. Das Gespräch über Kleidung in unterschiedlichen Kulturen kann auch auf die Zeit- und Kulturbedingtheit von Schönheitsvorstellungen verweisen.

Man könnte alternativ zum Einstieg auch die Wirkung von Dunkelheit und Licht erproben, wenn der Raum verdunkelbar ist, oder über Erfahrungen im Dunkeln erzählen. Der Klassenraum wird verdunkelt, die Klasse soll für drei Minuten ruhig sein, dann werden bunte Kerzen angezündet. Als Aufgabe wird formuliert:

»Schreibt erst drei Worte auf eure Karteikarte, die ihr mit Dunkelheit verbindet: Wie habt ihr euch in der Dunkelheit gefühlt? Wie fühlt ihr euch, wenn es irgendwo im Alltag ganz dunkel ist? Dann schreibt drei Worte auf, die beschreiben, wie ihr euch gefühlt habt, als die bunten Lichter angezündet wurden und geleuchtet haben.«

Zuerst werden die »Dunkelheit-Karten«, dann die »Helligkeit-Karten« vorgelesen.

Ablauf

Material

- M9.1 Lichterfeste in den Religionen
- M9.2 Das Holi-Fest

Danach wird die Geschichte vorgelesen. Im Anschluss kann Inhaltliches zum Osterfest wiederholt werden (Warum feiern wir überhaupt Ostern? Was hat Ostern mit Jesus zu tun? Was haben Ostereier und der Osterhase mit Ostern zu tun? Wie ist der Ablauf einer Osternacht, was ist daran Besonderes?). Der Bezug zur Lichtersymbolik an Ostern wird deutlich werden.

Nun werden die Bilder von Lena zum Holi-Fest angeschaut. Geben sie auch Erfahrung von Freude, Zufriedenheit, Glück wieder?

Zur Vertiefung werden die »Lichterfeste« in den Religionen (M9.1) wiederholt.

Als Hausaufgabe könnte ein Rechercheauftrag erfolgen, durch den Informationen dazu eingeholt werden, was Erleuchtung, Kasten, Gottheiten im Hinduismus etc. sind.

Weitere Gesprächsanlässe

- Ostern
- Fremdheit im Gottesdienst, lutherische Liturgie/ altes Brauchtum
- Pubertät – Auswirkungen, Folgen
- die Bedeutung von Schenken
- Freundschaften pflegen
- Hinduismus: Erlösung, Kasten, Kreislauf des Lebens

Ergänzung:

Die Geschichte zum Holi-Fest lautet folgendermaßen: *Der Vater des Prinzen Prahlada versuchte ihn zu überreden, dass er seinem Erzeuger und Ernährer alle göttliche Ehre erweisen sollte. Der Junge jedoch verehrte weiterhin nur den Gott Vishnu. Enttäuscht versuchte nun der König mit verschiedenen Mitteln, seinen Sohn zu töten. Jedes Mal jedoch half Vishnu selbst in der Situation und rettete das Kind. Schließlich griff der König zu einer List: Seine Schwester, die Dämonin Holika, war durch besondere Kräfte vor dem Feuer geschützt. Sie sollte mit Prahlada auf dem Schoß ins Feuer springen und ihn so verbrennen. Aber die Flammen verschonten das Kind und von Holika blieb nur ein Häufchen Asche. Seither feiern die Menschen als Erinnerung an die Vernichtung der Dämonin und in Erinnerung an die Errettung aus dem Vertrauen auf Vishnu das Fest Holi.*

Zehnter Zugang: Gastfreundschaft in den Religionen

Einstieg

Folgende Frage bietet sich zum Einstieg an: Wie würden eure Eltern reagieren, wenn ihr eine Internetbekanntschaft zum Übernachten einladen würdet?

Habt ihr schon Erfahrungen mit einem Schüleraustausch gemacht (vielleicht durch Geschwister)? Welche schönen Erfahrungen, aber auch welche Probleme kann ein solcher mit sich bringen?

Ablauf

Material

- M10 Kreuzworträtsel: Feste in den Weltreligionen

Die Geschichte wird im Anschluss an die Diskussion der Eingangsfrage vorgelesen oder die Frage an die Eltern/Mutter kann nach Sammlung von Argumenten als Rollenspiel nachgespielt werden. In diesem Zusammenhang wird die Bedeutung von Gastfreundschaft angesprochen.

Für die Schülerinnen und Schüler ist es eher unbefriedigend, dass sie so wenig über Rana erfahren und die Geschichte an dieser Stelle schon zu Ende ist. Deshalb ist eine Fortsetzung der Geschichte eine motivierende Aufgabe. Was machen die Freunde zusammen? Welche Schwierigkeiten, auch in Bezug auf die Religionen, könnten auftreten? Werden Lena und Elifs Bruder doch noch ein Paar? Auch über einen weiteren Fortgang, z. B. einen Besuch von Lena in Indien etc. kann nachgedacht werden, bei dem dann Themen zur indischen Kultur und zur indischen Religion vertieft werden können.

Weitere Gesprächsanlässe

- Fragen zu Indien
- Sommerferien, Freizeitplanung
- gute Freunde
- Erinnerungen festhalten: Tagebuch, Briefe u. a.

Lösungen M10

waagrecht:	*senkrecht:*
1. Ramadan	1. Beten
2. Dreidel	2. Purim
3. Haman	3. Fastenbrechen
4. BritMila	4. Chanukka
5. Kippur	5. Mekka
6. Chanukkia	6. Schofar
7. Mohammed	7. Ostern
8. Moschee	8. Gesicht
9. RoschHaschana	9. Pessach
10. Laubhuettenfest	

DIE GESCHICHTE

Kapitel 1: »Der Umzug«

Endlich stand der Umzugswagen still. Lenas Ohren dröhnten noch nach vom Brummen, das sie stundenlang gehört hatte. Mit gespielter Fröhlichkeit sprang ihr Vater aus dem Wagen: »Hier sind wir also, das ist Siegen, hier werden wir wohnen. Ihr werdet staunen, wie weit man von unserem Wohnzimmerfenster aus sehen kann.« Lena schaute sich um, Tränen in den Augen. Wie sehr hatte sie gebetet, dass sie nicht umziehen müssten, ohne Erfolg. Nein, schön war es hier nicht! Wie gut hatte es ihr in Mainz gefallen. Der Rhein und der Main mit ihren weiten Flussauen, auf denen sie sich zum Spielen getroffen hatten, sie hatten Flöße und Hütten zwischen den Weiden gebaut, vor ihren Augen sah sie die Bilder. Hier war alles erst einmal fremd, sie mochte dieses Hochhaus nicht.

Alle hatten geweint, als sie sich gestern verabschiedet hatte. Ihre Lehrerin, Frau Brünning, hatte ihr ein Erinnerungsbuch gegeben, auf dem jede Mitschülerin und jeder Mitschüler eine Seite gestaltet und ein Foto eingeklebt hatte. Verflixt, warum mussten sie umziehen! Gerade hatte sie sich gemeinsam mit ihren Freunden Tom, Jule und Aische im Gymnasium in der neuen 5. Klasse eingelebt und dann das: Vor einem Jahr verlor ihr Vater bei Opel in Mainz-Rüsselsheim seine Arbeit. Es sah schlecht aus mit Alternativen, denn er war nicht mehr der Jüngste. Viele Tage hatte er auf dem Arbeitsamt zugebracht und sie dann eines Abends alle an den Tisch gerufen. Ihre Mutter, sie und die beiden Geschwister Johannes (14) und Matthias (8). Ganz genau erinnerte sie sich an die Situation. Er räusperte sich und sagte: »Ich habe in Siegen einen neuen Job gefunden und kann schon zum 1.4. dort anfangen. Das bedeutet aber, dass wir deshalb umziehen müssen, mitten im Schuljahr.« Totenstill war es gewesen und Lena fühlte sich, als ob ihr jemand den Boden unter den Füßen wegziehen würde.

Die Tage danach waren nicht einfach. Zwar waren alle auch ein bisschen erleichtert, denn einen arbeitslosen Familienernährer zu haben und von Sozialhilfe leben zu müssen war nicht besonders angenehm, aber plötzlich wurde vor allem den Kindern klar, was das heißen würde: alles aufgeben, was einem vertraut und wichtig war, neue Freundinnen und Freunde suchen, in einer neuen Schule einleben, neue Lehrerinnen und Lehrer, neue Klasse, neuer Fußballverein (Lena spielte begeistert in der Jugendauswahl des 1. FSV Mainz), wenn es in Siegen überhaupt so etwas geben würde. Das war vier Wochen her, alles ging dann unglaublich schnell – und jetzt stand der Umzugswagen gepackt vor dem Haus, in dem sie von nun an wohnen sollten. Sie fühlte einen dicken Kloß in der Magengegend.

Die Familie stieg aus und fuhr mit dem Fahrstuhl in den 7. Stock, um die Wohnung anzuschauen. Als der Fahrstuhl anhielt, sah sie eine Traube verkleideter Kinder in der Nachbarwohnung verschwinden. Komisch, Aschermittwoch, das Ende der Faschingszeit, war doch schon vorbei oder feierten die hier Fasching zu anderen Terminen? Sie erinnerte sich noch, dass sie mit Paul, ihrem katholischen Freund, im Jugendgottesdienst gewesen war und dort vom Pfarrer ein Aschekreuz auf die Stirn gezeichnet bekommen hatte. So viele schöne Gottesdienste hatte sie in Mainz erlebt. Manchmal fühlte sie sich in der katholischen Kirche wohler als in ihrer eigenen evangelischen. Vieles war gleich, manches aber auch ganz anders: der Geruch von Weihrauch oder das Weihwasser z. B. oder die schönen Gewänder der Messdienerinnen und Messdiener. Sie dachte an die Blumenprozession, an Palmsonntag, an dem der Pfarrer immer Palmenzweige an die Kinder verteilt hatte, und an die Osternacht mit dem riesigen Osterfeuer.

Feste waren für Sie etwas ganz Wertvolles: Das konnten Familienfeste sein, bei denen man die Verwandtschaft wiedersah und gemeinsam den freien Tag genoss (ihr Bruder mochte die überhaupt nicht). Im Jahresrhythmus traf man sich zu den Geburtstagen der Omas und Opas und auch zu Weihnachten. Sie hatte das Gefühl, dass gerade die Alten ihr ganzes Leben auf diese Tage ausrichteten. Das konnten aber auch die kirchlichen Feste sein wie Weihnachten, wo die Kirche endlich mal voll war und sie alle ihre Freundinnen traf. In ihrer Hauptrolle als Maria hatten sie so viele Menschen beglückwünscht, das war schön gewesen.

Auch in ihrer evangelischen Gemeinde war sie gerne gewesen, vor allem weil sie dort die Mädchen aus dem CVJM-Jugendkreis traf. Sie hatten im letzten Jahr zusammen den Kreuzweg vorbereitet und beim lebendigen Adventskalender zwei Fenster gestaltet. Alle Feiertage und alle Aktionen hatte sie auf Fotos und in ihrem Tagebuch festgehalten, besonders in der letzten Zeit, um auch ja nichts aus Mainz zu vergessen. Wie gerne wäre sie dort auch konfirmiert worden.

Ob sie hier wohl auch wieder eine Jugendgruppe finden würde? In Siegen, hatte ihr Pfarrer, Herr Johannson, gesagt, würden ganz viele fromme Menschen leben. Was er sich wohl gedacht hatte bei »fromme Menschen«? War das positiv oder negativ gemeint? So ganz klar war das nicht gewesen.

Da ging die Tür der Nachbarwohnung auf. Das Mädchen, das die Tür geöffnet hatte, war auch verkleidet und schien in einem ähnlichen Alter zu sein wie sie, vielleicht auch ein bisschen älter. Eine junge Frau, hochschwanger, stand daneben und begrüßte sie freundlich. Verkleidete man sich hier noch bei Kindergeburtstagen? Das war doch was für Kleinere, komisch!

Der Vater hatte die Tür aufgeschlossen und die Familie drängte ins Innere der neuen Wohnung. Viel Platz gab es da. Ihr Vater hatte den Geschwistern jeweils ein eigenes Zimmer versprochen, dafür wollten die Eltern im Wohnzimmer schlafen, bis der älteste Bruder nächstes Jahr nach seiner Realabschlussprüfung ausziehen würde. Er wollte dann eine Ausbildung zum Krankenpfleger in Bethel, einem Stadtteil in Bielefeld, in dem auch viele behinderte Menschen wohnen, beginnen.

Schnell hatten sie die Wohnung einmal abgelaufen: drei Zimmer, Essküche und ein großes Wohnzimmer. Alles schien duster, es roch komisch, die Wände waren nicht frisch gestrichen, die Fenster dreckig.

Jedes der Kinder blieb noch ein bisschen in seinem Zimmer, versunken in die eigenen Gedanken. Der Vater hatte darauf gedrungen, dass sie schnell einziehen wollten und deshalb angeboten, das Streichen der Wohnung zu übernehmen. Bei ihr im Zimmer hingen wohl deshalb noch Plakate an der Wand. Hier schien auch ein Kind gewohnt zu haben. Neben den Bildern von Justin Bieber fand Lena auch Bilder von zwei alten Palästen, die irgendwo in einem tropischen Land stehen mussten, denn es waren auch Palmen abgebildet. Unter einem der Plakate war ein hellgrüner Brief darunter geschoben, komisch. Sie zog den Brief heraus, auf dem stand:

An denjenigen, der in diesem Zimmer wohnen wird.

Sie öffnete ihn und las:

Lieber Nachbewohner,
mein Name ist Rana, ich bin wahrscheinlich gerade noch 12, wenn du das liest, und ich habe hier in diesem Zimmer drei Jahre lang gewohnt. Jetzt sind wir schon wieder zurück in Indien, wo ich ursprünglich auch herkomme. Wenn du Lust hast, schreib mir doch mal, dann erzähle ich dir, was ich hier alles erlebt habe und gebe dir Tipps, wo es in Siegen schön ist, oder ich erzähle dir von meiner tollen Heimat Indien. Meine E-Mail-Adresse ist: rana.bengore@yahoo.com

Das klang interessant, eine gute Idee! Das hätte sie in ihrem Haus in Mainz auch machen sollen, um noch den Kontakt mit den ihr liebgewordenen Räumen aufrechtzuerhalten. Sie wusste, dass auch dort eine Familie mit zwei Kindern einziehen würde.

»Rana«, war das ein Jungen- oder ein Mädchenname? Vielleicht war Rana eines der Kinder auf dem Foto vor dem Tempel. Was deroder diejenige wohl gerade tun würde? Wie spät war es jetzt in Indien? Ob Rana auch so stark Heimweh hatte, nach Siegen? Nein, bestimmt nicht, er oder sie war ja nur drei Jahre in Siegen gewesen, Lena war schon in Mainz geboren worden.

Heute würde sie nicht mehr schreiben, sie war müde und traurig.

Lena schaute aus dem Fenster und konnte bis zur großen Straße sehen, die die ganze Stadt durchzog. Zwei Kirchtürme fielen ihr auf. Dahinter kamen wieder Häuser und ganz oben am Berg dann der Wald. Wald gab es wenig in Mainz. Warum musste sie eigentlich immer an Mainz denken?

Gut, dass jetzt erst Samstag war und sie nicht vor Montag in die Schule musste. Bei der Vorstellung, als »die Neue« vorgestellt zu werden, war ihr überhaupt nicht wohl. Als Aische damals neu in ihre vierte Klasse gekommen war, hatte sie sich nicht besonders nett gegenüber dem Mädchen verhalten. Hoffentlich würde es ihr jetzt nicht auch so ergehen. Ja, sie hätte nicht über deren weiten Rock lachen dürfen, aber es sah einfach so schrecklich altmodisch aus und die Stiefel dazu. Sie musste schmunzeln, als sie daran dachte – und doch waren sie später richtig gute Freundinnen geworden.

»Los, wir müssen ausladen, um uns in dieser leeren Wohnung wohler zu fühlen!« – Lenas Vater holte die Kinder aus ihren Gedanken. Jetzt gab es erst einmal viel zu tun, das war gut gegen die Angst und würde sie ablenken.

M 1.1 Sich in der Geschichte zurechtfinden

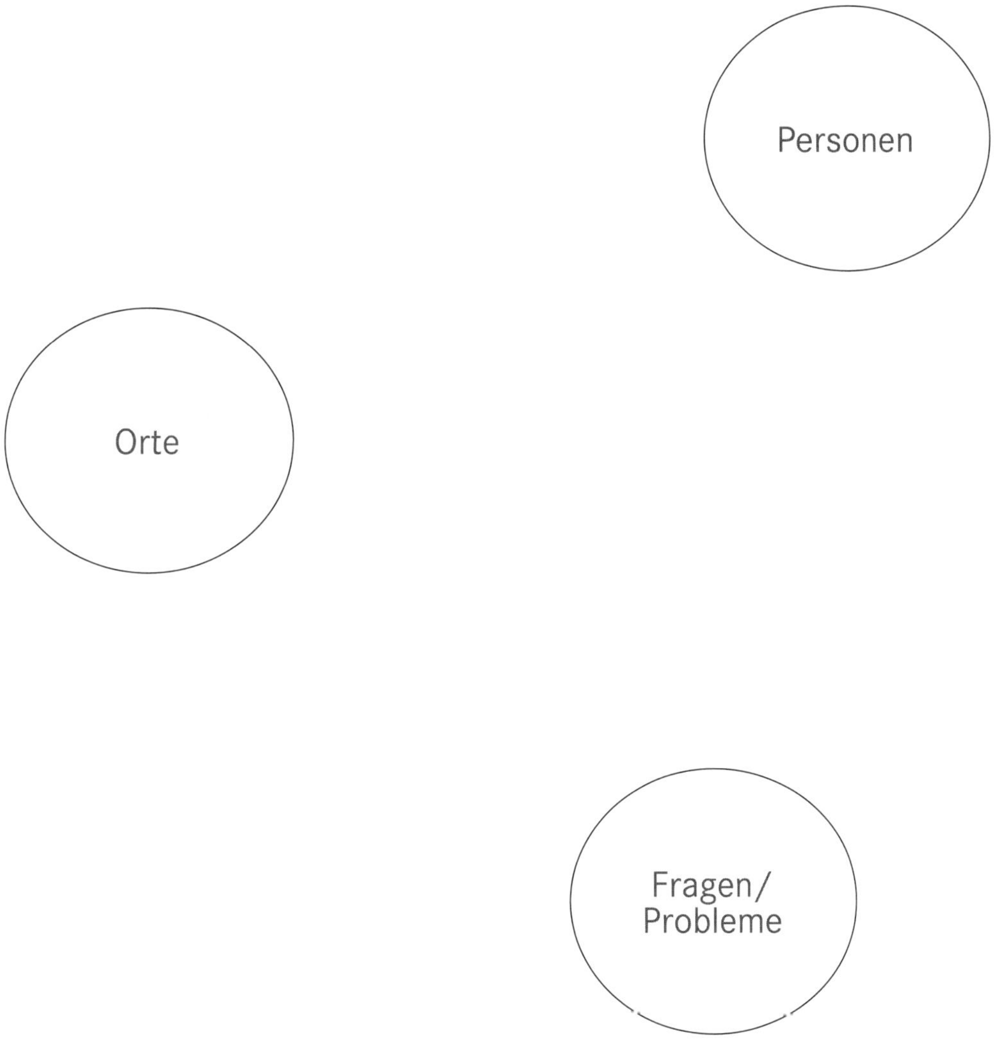

Sammelt Personen, Orte, Fragen/Probleme in der Erzählung und erstellt gemeinsam mit eurem Nachbarn zu den drei Aspekten eine Mind-Map.

M 1.2 Ein Erinnerungsbuch: Tipps für die neue Schule

»Alle hatten geweint, als sie sich gestern verabschiedet hatte. Ihre Lehrerin, Frau Brünning, hatte ihr ein Erinnerungsbuch gegeben, in dem jeder Mitschüler eine Seite gestaltet [...] hatte.«

Gestalte selbst eine Seite des Erinnerungsbuches.
Erläutere dabei deine eigenen Erfahrungen mit Fremdsein und dem Umgang mit Fremden.
Gib Lena Tipps, wie sie sich verhalten soll.

Liebe Lena,

du musst leider nach Siegen umziehen und verlässt deshalb unsere Klasse ...

M 1.3 Christliche Feste

Lena hat als Erinnerung an ihre Zeit in Mainz Fotos gesammelt und kommentiert. Sie hat auch viele schöne Erinnerungen an christliche Feste in der evangelischen oder katholischen Kirchengemeinde.

Wie könnte dein Erinnerungseintrag zu dem christlichen Fest, das du zugeteilt bekommen hast, aussehen? Gestalte eine solche Seite. Verwende wenn möglich eigene Fotos und beschreibe, warum man dieses Fest feiert.

Hier feiern wir ....

Ihr seht ....

Dieses Fest wird gefeiert, weil ....

....

....

Mir gefällt an diesem Fest ....

....

....

DIE GESCHICHTE

Kapitel 2: »Muslimische Nachbarn«

Lena wachte als Erste auf, es musste noch früh sein, es war noch ganz dunkel in ihrem neuen Zimmer. Rechts hinter der Wand neben sich hörte sie einen seltsamen Singsang wie aus einer anderen Welt, über ihr schien jemand zu duschen. Sie spürte jeden Knochen von der anstrengenden Arbeit gestern, an die sie nicht gewohnt war. Aber sie hatten es tatsächlich geschafft, ihren gesamten Hausrat noch am Nachmittag und Abend auszuladen. Das war nur deshalb möglich gewesen, weil die Familie Yilmaz, die rechts neben ihnen wohnte, kräftig mitgeholfen hatte. Einfach so hatten alle mit angepackt und der Vater und die zwei Jungen im Alter von 13 und 15 hatten die Arbeit wirklich beschleunigt.

Währenddessen hatte deren Mutter für alle ein leckeres türkisches Essen gekocht. Der kleine Mohammed, gerade drei Jahre alt, spielte in der Ecke. So saßen sie am späten Abend dankbar in der hellen Essküche um den großen Tisch und erzählten ihre Geschichte und warum es sie nach Siegen verschlagen hatte.

Die Familie Yilmaz wohnte schon lange hier und sogar die Großeltern wohnten im gleichen Haus zwei Stockwerke darunter. Sie waren schon Rentner und als junge Leute als Gastarbeiter aus der Türkei gekommen. Oktay, der Vater, hatte in Siegen Maschinenbau studiert und arbeitete bei Rottler Maschinenbau. Die Söhne gingen aufs Fürst-Johann-Moritz-Gymnasium. Die jüngste Schwester Elif war 10 und eher schüchtern. Sie trug ein Kopftuch. Mit ihr hatte Lena nur wenige Sätze gewechselt. Ein Kopftuch in diesem Alter, das hatte bei ihnen in der Klasse und, soweit sie sich erinnerte, auch an ihrer Schule niemand getragen. Dabei wirkten die Eltern gar nicht so überreligiös. Lena hatte zwar die Gebetsteppiche im Wohnzimmer entdeckt und auch ein Bild, auf dem wohl Mekka abgebildet sein musste, daneben ein alter Mann im weißen Gewand, aber ansonsten sah die Wohnung ganz normal aus und Elifs Mutter war sehr freundlich und offen. Wer hätte sonst eine fünfköpfige Familie spontan zum Abendessen eingeladen und davor am heiligen Samstagabend noch stundenlang Sachen vom Wagen in den Aufzug und in die Wohnung getragen und dabei sogar die Sportschau verpasst?

Vielleicht trugen hier in Siegen ja alle Muslime ein Kopftuch. Schon vor dem Haus hatte sie eine Frau gesehen, die sogar noch das ganze

Gesicht verschleiert hatte. Da konnte man nicht einmal erkennen, wie alt die war. Komisch sah das aus, fremd irgendwie. Eigentlich wusste Lena nicht viel vom Islam. In der dritten Klasse waren sie gemeinsam in der Moschee in Mainz-Kostheim gewesen. Daran erinnerte sie sich noch. Das war wie eine Art Gemeindezentrum, denn um den Gebetsraum mit dem riesigen Kronleuchter, den Waschräumen und dem Aufenthaltsraum waren kleinere Geschäfte drum herum gebaut. Derjenige, der sie geführt hatte, war völlig überzeugt von seiner Religion gewesen – beeindruckend und auch gleichzeitig abschreckend. Außerdem hatte die Lehrerin einen Koran in den Unterricht mitgebracht und sie bestaunten alle die arabischen Schriftzeichen. Solche waren auch über das Bild von Mekka gemalt.

Damals mussten sie die fünf Säulen des Islam auswendig lernen, das wurde im Reli-Test abgefragt. Blöd eigentlich, dass es sogar in Reli Tests gab. Ob sie sich noch erinnerte? Meistens lernte man das Zeug ja nur, um es schnell wieder zu vergessen, also:

Das Bekenntnis zu Gott (Jesus war für die Muslime ja nicht Gott, er war wie Mohammed nur ein Prophet), das Gebet, die Wallfahrt nach Mekka, die Verpflichtung zur Wohltätigkeit für die Armen. Verflixt, die letzte Säule fiel ihr nicht mehr ein. Vom Kopftuch aber stand da nichts. Warum konnte man sich mit so einem Ding freiwillig so verunstalten? Sie selbst würde so etwas nie anziehen, auch nicht, wenn ihre Eltern das von ihr verlangen würden. Seit sie im Gymnasium war, kaufte sie sich ihre Kleidung selbst. Das, was ihre Mutter ihr sonst immer mitgebracht hatte, gefiel ihr immer öfter nicht mehr und außerdem war das Einkaufen mit Jule zusammen so cool. Was hatten sie gelacht, wenn sie bei H&M die kürzesten Miniröcke anprobiert hatten, dazu Glitzertops und hohe Schuhe aus der Damenabteilung. Und danach hatten sie noch gemeinsam ein Eis gegessen. Jule, fast fing sie bei dem Gedanken an zu weinen, Jule war so weit weg. Ob sie hier je jemanden finden würde, mit dem sie auch so schöne Shoppingnachmittage verbringen würde? Wahrscheinlich gab es in Siegen nicht mal »H&M«. Und »Hollister«, wohin sie einmal nach Frankfurt gefahren waren, fand sie hier bestimmt nicht. Die Tüte hing wie zur Erinnerung in ihrem Zimmer. Am Ende der Welt trug man sogar Kopftücher – wo war sie da nur gelandet!

Hinter der Wand hörte sie es murmeln, ganz leise nur, als ob jemand etwas in einer fremden Sprache halb singend vorlas. Es könnte auch der Singsang eines Muezzins sein, davon hatte sie mal eine Aufnahme im Religionsunterricht gehört. Alle hatten gelacht, weil das so komisch geklungen hatte. Das musste bei den Yilmaz sein, ob sie wohl schon ihr Morgengebet abhielten? Ganz schön konsequent, wenn sie das jeden Tag so durchhielten. Was ihnen das Gebet wohl bedeutete? Sie selbst beteten nur vor dem Essen und früher hatten ihre Eltern mit ihnen beim Zubettgehen ein Abendgebet gesprochen. »Müde bin ich, geh zur Ruh, schließ die müden Augen zu« oder »Ich bin klein, mein Herz ist rein, soll niemand drin wohnen als Jesus allein!« So ein Quatsch, als ob das Herz von kleinen Kindern rein wäre, die machen doch mindestens genau so viel Mist wie ältere Kinder. Wenn sie da an ihren Cousin Tobias dachte, der gerade seiner Schwester so in den Arm gebissen hatte, dass die Eltern zum Arzt fahren mussten. Oder daran, dass das Nachbarskind Sara mit immerhin schon vier Jahren alle Hausschuhe aus Ärger über ihr Fernsehverbot ins Klo geschmissen hatte. Von wegen »Ich bin klein, mein Herz ist rein!«

Nebenan murmelte es weiter. Eigentlich war Lena noch müde, es war Sonntag. Mussten die denn so früh beten, konnten sie das Gebet am Wochenende nicht einfach später machen? Bestimmt wollten deren Kinder doch auch einmal ausschlafen. Lena drehte sich auf die andere Seite. Sie betete am liebsten für sich allein, abends zum Beispiel, wenn sie schon im Bett lag. Dann fielen ihr immer besonders viele Dinge ein, für die sie bitten konnte: Dass es ihrer Oma nach der Operation wieder besser ging, dass der erste Schultag nicht so schlimm werden würde, dass sie bald neue Freunde finden würde. Nach welchen Kriterien Gott wohl die Gebete auswählt, die er erfüllt? In Mainz gab es dann immer auch ganz viel zum Danke-Sagen. Jetzt fiel ihr dazu gar nichts ein. Ja, sie hatte sogar eine Wut, weil Gott ihrem Vater keine neue Arbeit in Mainz geschickt hatte. Wie oft hatte sie ihn darum gebeten! Ob ihre muslimischen Nachbarn genauso zu Gott beteten? Sie erinnerte sich an einen Film zum Pflichtengebet, in dem man verschiedene Gebetshaltungen sehen konnte. Das war in der evangelischen Kirche einfacher: Sitzen oder stehen. In der katholischen Kirche konnte man noch knien. Und ihr Vater sagte, am liebsten betete er beim Spazierengehen im Wald. War die Haltung überhaupt wichtig für das Beten? Wichtiger war doch, was man sagte. Ob es sich lohnte, auch für Dinge zu beten, an die man selbst nicht glaubt? »Lieber Gott, mach, dass wir wieder zurück nach Mainz ziehen!«

Wenn sie jetzt in Mainz wäre, würde sie sich den Hund Momo ihrer Nachbarn schnappen und erst einmal eine große Runde spazieren gehen. Das hatte ihr immer gut getan, wenn ihr die Gedanken im Kopf herum gingen, und Momo hatte sich auch immer gefreut, wenn sich jemand um sie kümmerte. Leider wollten ihre Eltern keinen eigenen Hund und die Nachbarn hätte sie samt ihres Hundes auch nicht einfach in den Umzugswagen packen können. So hatte sie zu allem Übel auch noch Momo zurücklassen müssen. Sie zog sich die Decke über den Kopf – so mussten sich die Frauen mit der Vollverschleierung fühlen: Keiner sieht mich, ich höre alles gedämpft, ich habe mit der Welt nichts zu tun, ich gehöre nicht dazu. Manchmal tat das gut. Aber immer so leben zu müssen …

Heute würde sie wohl mal nach draußen gehen. Mal schauen, wer da noch so wohnte und was es unten auf der Straße zu entdecken gab. Vielleicht sollte sie jetzt schon mal hinausgehen, ein paar Brötchen holen und den Essenstisch richten. Der stand ja schon in der Küche, wenn auch die Stühle noch verpackt im Flur aufgereiht waren.

M 2.1 Wer wohnt wo?

M 2.2 Das Gebet im Islam

Wenn Lena eines der Kinder von Yilmaz/einen von ihren muslimischen Freunden zum Thema Gebet fragen würde, könnte eine Antwort folgendermaßen aussehen:

Seit ich zwölf Jahre alt bin, versuche ich fünfmal am Tag das Gebet zu verrichten. Natürlich habe ich auch schon davor mitgemacht, wenn meine Familie gebetet hat. Um die Richtung zu finden, hilft mir ein Gebetskompass, der mir die Richtung nach Mekka zeigt, außerdem ein Gebetsteppich, der aus dem Boden »heiliges Land« macht, egal wo wir uns gerade aufhalten. Eigentlich ruft der Muezzin vom Minarett zum Gebet und erinnert die Muslime daran, dass jetzt die Zeit zum Beten gekommen ist. Heute gibt es Radiosender, die den Ruf zum Gebet einspielen oder mein Smartphone erinnert mich. Freitagmittag und an Festen beten wir gemeinsam in der Moschee. Mein Vater sagt immer, bevor wir anfangen zu beten, müssen wir das Gebet in unser Herz lassen, um es nicht einfach nur monoton runterzuplappern.

Zu Beginn hebt man die Hände auf Kopfhöhe und sagt *»Allahu Akbar« (Gott ist größer, es gibt nichts Größeres außer Gott).* Während man das sagt, nimmt man die Hände nach vorne und verschränkt sie über dem Bauchnabel. Das Gebet geht dann weiter mit *»Preis sei Dir, o Allah und Lob sei Dir und gesegnet ist Dein Name und hoch erhaben ist Deine Herrschaft und es gibt keinen Gott außer Dir.«*

Nach einer Bitte um Schutz wird die erste Sure aus dem Koran zitiert:
»Im Namen Allahs, des Allerbarmers, des Barmherzigen. Alle Lobpreisung gebührt Allah, dem Herrn der Welten, dem Allerbarmer, dem Barmherzigen, dem Herrscher am Tage des Gerichts. Dir alleine dienen wir und Dich alleine flehen wir um Hilfe an. Leite uns den rechten Weg, den Weg derer, denen Du gnädig bist, nicht derer, denen Du zürnst und nicht derer, die in die Irre gehen. Amen«

Nach dieser Sure kommen noch weitere Suren, die man sich selbst aussuchen kann. Wir Kinder nehmen die kürzeren, weil die einfacher zu lernen sind, gerade wenn man sie in Arabisch vorträgt. Nun kommen noch weitere Gebetsteile, bei denen man sich entweder verbeugt, hinkniet, den Kopf auf den Boden legt und ihn im Sitzen zur Seite dreht.

Lege eine Tabelle in deinem Heft an: Gebet im Christentum – Gebet im Islam.
Trage die Informationen, die du in der Geschichte und in dem Informationstext bekommen hast, darin ein.
Sprecht über die Gemeinsamkeiten und die Unterschiede.

DIE GESCHICHTE

Kapitel 3: »Familie Goldberg und die unbekannten Feste«

Huch, was war das denn? Ein kleines Päckchen vor ihrer Wohnungstür. Ganz leise war Lena zur Eingangstür geschlichen, denn sie wollte ja niemanden aufwecken, bevor sie alle mit frischen Brötchen zu einem 5-Sterne-Frühstück wecken würde. Leider fehlten die Brötchen noch und sie hatte keine Ahnung, wo sie im fremden Siegen einen Bäcker finden würde. In Mainz, ja da kannte sie den besten Bäcker der Stadt, aber hier? Nun stand da dieses Päckchen. Was konnte das wohl sein und wer hatte es schon so früh dort hingelegt, fragte Lena sich verwundert.

Evtl. Unterbrechung

Als sie dann unten auf der Straße ankam, schaute sie sich erst einmal in der neuen Wohngegend um. Es war überall noch sehr ruhig. Die meisten Menschen lagen bestimmt noch in ihren Betten und schliefen. Schließlich war es noch ziemlich früh. Sie ging die Straße entlang, bis zur nächsten Kreuzung. Plötzlich sah sie ein Mädchen, das an der Ampel stand und wartete. War das nicht das Mädchen, welches sie gestern Abend in ihrem Hausflur gesehen hatte? Zusammen mit anderen Kindern war sie doch verkleidet gewesen? Noch einmal gingen ihr die Bilder durch den Kopf. Warum waren die eigentlich kostümiert gewesen? Es war doch kein Karneval? Lena beeilte sich, um das Mädchen an der Ampel einzuholen. Die konnte ihr auch bestimmt sagen, wo sich der nächste Bäcker befand. An der Ampel angekommen bemerkte das Mädchen, dass Lena neben ihr stand. »Hallo«, sagte sie. »Bist du auch schon so früh auf?« »Ja, ich wollte Brötchen holen. Nur weiß ich nicht, wo der Bäcker ist. Kannst du mir vielleicht sagen, wo ich ihn finde?« »Ja, klar«, sagte das Mädchen. »Das mach ich gerne! Komm mit, ich führe dich direkt dorthin, denn ich bin auch auf dem Weg, um Brötchen zu holen, ich bin heute dran. Ich bin übrigens Sarah, und wie heißt du?« »Ich heiße Lena«, antwortete sie. Beim Bäcker kauften die beiden Mädchen verschiedene Brötchen, auch hier erschien es Lena, als hätten die in Mainz leckerer ausgesehen.

Auf dem Heimweg war eine gute Gelegenheit zu fragen, was es mit dieser Verkleidung von gestern auf sich hatte, dachte Lena. »Weshalb seid ihr gestern alle verkleidet gewesen?«, fragte sie mutig. »Hattet ihr einen Kindergeburtstag?« »Aber nein«, sagte Sarah. »Wir haben Purim gefeiert und da verkleidet man sich bei uns.« »Purim«, wiederholte Lena, »Was ist das?« »Wir sind Juden, Lena. Und wenn wir Purim feiern, erinnern wir uns daran, wie die Königin Esther die Juden in Persien vor Haman, einem Beamten des Königs, gerettet hat. Denn der wollte alle Juden im Reich umbringen. Dieser Tag sollte durch ein Los festgesetzt werden. Wenn wir uns daran erinnern, freuen wir uns und feiern in unserem Gottesdienst und mit der Gemeinde ein Fest. Zu diesem Fest verkleiden sich alle und sind ganz fröhlich und ausgelassen. Wir Kinder rasseln mit sogenannten Ratschen jedes Mal ganz laut, wenn der Name ›Haman‹ in der vorgelesenen Geschichte erwähnt wird. Außerdem beschenkt man seine Familie, Freunde und Nachbarn mit kleinen Päckchen, in denen mindestens zwei verschiedene essbare Sachen sind, und meistens sind da auch selbstgebackene Hamantaschen drin. Das sind dreieckige Kekse, die mit Mohn gefüllt sind. Diese Taschen sollen eigentlich Hamans Ohren sein, aber das ist nur zum Spaß so ausgedrückt. Zusätzlich beschenkt man auch arme Menschen mit Geld«, erklärte Sarah.

Vor lauter Erzählen merkten die beiden Mädchen gar nicht, wie sie schon wieder vor ihrer Haustür standen. »Ich wünsche dir noch einen schönen Tag«, sagte Sarah. »Den wünsche ich dir auch!«, erwiderte Lena. »Was ich dir aber jetzt noch ganz schnell erzählen muss«, platzte Sarah heraus und strahlte dabei über das ganze Gesicht, »im Moment freue ich mich ganz besonders, denn ich habe nämlich einen kleinen Bruder bekommen. Er heißt Levi und ist gestern Nacht geboren worden!« »Oh, das freut mich für dich!«, sagte Lena. »Vielleicht kann ich euch ja einmal besuchen«, sagte Lena schüchtern. »Mach das unbedingt!«, antwortete Sarah. Die beiden Mädchen verabschiedeten sich herzlich und versprachen, sich bald zu besuchen. Lena spazierte mit ihrer Brötchentüte die Treppe hinauf und dachte über die Dinge nach, die Sarah ihr erzählt hatte. Ob das Geschenk vor ihrer Wohnungstür vielleicht von ihr gewesen ist? Das musste sie unbedingt herausfinden. Warum hat Sarah dann aber nichts gesagt? Und überhaupt wollte sie Sarahs Familie näher kennenlernen und etwas mehr über sie erfahren.

Lena wusste nämlich zu diesem Zeitpunkt noch nicht, dass Sarahs Eltern orthodoxe Juden waren, denn den Vater hatte sie noch nicht zu Gesicht bekommen, sonst hätte sie das bestimmt sofort an seiner Frisur mit den Schläfenlocken bemerkt oder an der Kippa. Bis vor zwei Jahren lebte die Familie in Israel. Ihre Familie, das waren ihre Mutter Mirjam, der Vater Avraham und ihr Bruder Reuven. Sie waren also auch vor nicht allzu langer Zeit umgezogen, von Haifa ins kalte Deutschland. Die Sprache mussten sie glücklicherweise nicht erst noch lernen, denn ihre Vorfahren waren deutsche Juden gewesen und daher konnten sie ganz gut deutsch sprechen. Zu Hause aber sprachen sie immer Hebräisch miteinander. Als orthodoxe Juden befolgten sie auch im Alltag das jüdische Religionsgesetz. Sie ernährten sich streng koscher und beachteten viele Regeln mit größter Genauigkeit, zum Beispiel die Gesetze des Schabbats, der Beschneidung und vieles mehr. Aber das alles wusste Lena damals noch nicht.

Was hatten sich die Eltern über ihr tolles Frühstück gefreut! Dabei erzählte sie von ihrer Begegnung und besonders vom Purimfest, über das Sarah berichtet hatte. Außerdem öffneten sie alle zusammen das Päckchen und entdeckten darin kleine selbstgebackene Gebäckstücke. Das müssen bestimmt diese Hamantaschen sein, vermutete Lena. Die konnten nur von Sarahs Familie kommen. Das war wirklich ein schönes Begrüßungsgeschenk, so aufmerksam!

Aber damit nicht genug: Am Nachmittag traf Lenas Vater auf dem Hausflur Sarahs Mutter, die auch schon in die Begegnung der Mädchen eingeweiht schien. Herzlich bedankte sich Lenas Vater für das nette Begrüßungsgeschenk und bekam gleich noch eine Einladung ins Haus der Goldbergs. Lenas ganze Familie war nun zur Beschneidungsfeier des Säuglings am kommenden Wochenende eingeladen. Lena fand das außerordentlich aufregend. Ohne zu wissen, was das eigentlich war, wollte sie unbedingt an der Feier teilnehmen. Zudem war dies eine tolle Gelegenheit, den kleinen Levi einmal zu sehen, dachte sie. Lenas Vater war allerdings nicht ganz so überzeugt von dem Gedanken, an dem Gottesdienst teilzunehmen. Er schien sogar ein wenig verhalten zu sein und wollte nicht so richtig mit der Sprache herausrücken, was so eine Beschneidungsfeier eigentlich genau war. Zu Hause hatte es dann einige Diskussionen darüber gegeben, die beinahe zu einem Streit geführt hätten. Lenas Mutter konnte die Situation glücklicherweise geschickt wenden. Sie ermutigte Lena, in einem Lexikon nachzusehen, um herauszufinden, was es mit dieser Beschneidung bei den Juden auf sich hatte. Dort entdeckte sie folgende Beschreibung:

Brit Mila (Beschneidung):
Jedes Kind einer jüdischen Mutter ist automatisch Jude oder Jüdin. Zur Geburt wird oft ein Weihe- oder Dankgottesdienst in der Synagoge gefeiert. Wenn ein Junge geboren wird, findet dieser Gottesdienst acht Tage nach der Geburt statt, also wenn das Kind die Geburt sicher überstanden hat. Dabei erfolgt die

> Brit Mila (Beschneidung), bei der die Vorhaut des Gliedes von einem Mohel, einem besonders ausgebildeten Juden, abgetrennt wird. Häufig sind Mohels auch Rabbiner. Bei dieser Zeremonie bekommt der Junge seinen Namen. Die Brit Mila ist im Judentum das Zeichen des Bundes, den Gott mit dem Volk Israel geschlossen hat. Es ist das äußere Zeichen der Zugehörigkeit zum Judentum. Wenn ein Mädchen geboren wird, gibt der Vater dessen Namen am Schabbat in der Synagoge bekannt und spricht ein besonderes Gebet.[11]

Der Lexikoneintrag stimmte Lena nun noch neugieriger als zuvor. Es wäre wirklich interessant, dachte sie, wenn wir als Familie bei der Feier dabei sein könnten. Vielleicht war es aber auch peinlich, da zusehen zu müssen. Sie könnte ja einfach wegschauen. Außerdem war es doch bestimmt sehr unhöflich, eine so besondere Einladung abzuschlagen, überlegte sie weiter. Sie nahm sich fest vor, noch einmal in Ruhe mit ihrem Vater über diese Sache zu reden. Ob er wohl bereit war, seine Meinung darüber noch zu ändern?

11 Vgl. auch online unter: http://www.talmud.de/tlmd/ (Zugriff am 10.06.2014).

M 3.1 Die Purimgeschichte

Es war einmal ein großer König, der Achaschwerosch hieß. Er war sehr reich, und er war der Herrscher von vielen Königreichen. Er wohnte in einem wunderschönen Palast. Dort war alles aus Gold, Silber und Elfenbein und der König saß auf einem großen Thron mit ganz vielen Dienern um sich herum.

Wenn der König etwas haben wollte, dann klatschte er in die Hände und sofort kam ein Diener und brachte ihm, was er wollte. Nichts machte der König allein. Wenn er z. B. etwas zu essen haben wollte, klatschte er in die Hände und schon war das Essen da. Wenn er sich an- oder ausziehen wollte, kamen sofort die Diener herbei und zogen ihn an oder aus. Und wenn der König spazieren gehen wollte, ging er nicht zu Fuß. Er wurde von vier großen und starken Dienern in einer Sänfte getragen. Jeder, der gerade vorbeiging, musste sich mit dem Gesicht nach unten auf den Boden fallen lassen, denn keiner durfte das Gesicht des Königs sehen.

Außer den vielen Dienern hatte der König auch viele Ratgeber. Wenn der König etwas beschließen musste, dann machte er es nicht allein, er klatschte in die Hände und sogleich kamen die Berater hineingelaufen und warteten auf die Befehle des Königs. Der wichtigste Berater war ein Mann, der Haman hieß. Dieser Haman fühlte sich auch als sehr wichtiger Mann, denn der König tat nichts, ohne seinen Rat einzuholen. Und er war so stolz darüber, dass der König sich mit ihm in allem beriet, dass er manchmal dachte, er sei selbst der König. Und so glaubte Haman, dass alle Menschen ihm die gleiche Ehre erweisen mussten wie dem König. Auch vor ihm mussten alle aufs Gesicht fallen, wenn er an ihnen vorbeiging, und wenn es jemand nicht tat, dann wurde er von Haman schwer bestraft.

Eines Tages beschloss der König, dass er heiraten wollte und zwar die schönste Frau des Landes. Er klatschte in die Hände und sofort kamen die Diener und Berater herbeigelaufen, standen um den König herum und warteten auf seinen Befehl. Da sagte der König: »Ich will eine schöne Frau heiraten, nehmt die schnellsten Pferde, reitet durch das ganze Land und sucht mir das allerschönste Mädchen zur Frau.«

Der König sprach und die Reiter ritten schnell davon. Lange suchten sie unter den schönsten Mädchen, bis sie eines fanden, dass die Allerschönste war. Ihr Name war Esther und sie war Jüdin. Die Reiter brachten sie zum König und sie gefiel dem König sehr, denn er sah, dass sie nicht nur schön, sondern auch sehr gutherzig war. Der König heiratete sie und Esther wurde die Königin.

Esther hatte auch einen Onkel, und der hieß Mordechai. Mordechai arbeitete im Palast des Königs, und immer wenn Haman vorbeiging und alle Menschen sich auf den Boden vor ihn warfen, blieb Mordechai immer aufrecht stehen und warf sich nicht auf den Boden. Denn es steht in der Heiligen Tora, ein Jude soll sich nur vor Gott und nicht vor Menschen bücken. Haman war deshalb sehr böse auf ihn und überlegte, wie er Mordechai bestrafen könnte, weil er sich nicht vor ihm verneigte. Aber so einfach war das nicht. Denn nicht nur Haman war ein wichtiger Mann am Hofe des Königs, sondern auch Mordechai. Der hatte dem König nämlich das Leben gerettet, weil er einmal ein Gespräch zwischen zwei Männern belauscht hatte, die den König töten wollten. Mordechai hatte den König gewarnt und so wurde der König gerettet. Das merkte sich der König und ließ es in sein königliches Buch einschreiben.

Haman jedoch dachte an nichts anderes als daran, Mordechai zu bestrafen. Als er erfuhr, dass Mordechai Jude ist, ging er zum König und sagte: »König, König, es gibt ein Volk, das sich nicht vor dir bücken will!« »Und wer ist dieses Volk?«, fragte der König. »Es sind die Juden!«, antwortete Haman. »Dann bestrafe sie!«, befahl der König. Da freute sich Haman und schickte sofort Boten in alle Länder, wo Juden wohnten. Er verkündete: »Am 14. des Monats Adar sollen alle Juden zusammengetrieben und getötet werden.« Als die Juden das hörten, waren sie sehr traurig. Sie zogen ihre schönen Kleider aus und zogen alte an, so traurig waren sie. Dann gingen sie zu Mordechai und sagten ihm: »Du bist der Onkel der Königin. Gehe zu ihr und sage ihr, was Haman verordnet hat. Sie muss uns retten!« Mordechai ging zur Königin und erzählte ihr, was Haman geplant hatte. Die Königin Esther wurde sehr traurig und sagte zu ihrem Onkel: »Ich werde alles versuchen, um meinem Volke zu helfen.«

Sie zog ihre schönsten Kleider an und ging zum König. Dieser sah sofort, dass Esther traurig war, obwohl sie so schön war und die schönsten Kleider anhatte. »Warum bist du so traurig, meine Königin?«, fragte der König. »Sag, was dir fehlt und ich werde alles tun, was du willst!« Da antwortete die Königin: »Lass Haman kommen, und dann werde ich dir sagen, warum ich so traurig bin.«

Also ließ der König Haman rufen. Der war sehr stolz, dass er beim König eingeladen war und hatte seine schönsten Kleider angezogen. Und als sie zusammen bei Tisch saßen, sagte Esther: »König Achaschwerosch, es gibt einen Mann, der mein ganzes Volk töten will.« »Wer ist denn dieser Mann, der es wagt, das Volk meiner Königin zu töten!« »Hier steht er vor dir, es ist Haman!«, sagte die Königin. Da wurde der König ganz böse und jagte Haman aus dem Palast.

In der Nacht konnte der König nicht schlafen und er ließ sich aus dem königlichen Buch vorlesen. Er hörte die Geschichte von Mordechai, der dem König das Leben gerettet hatte.

Am nächsten Tag rief der König den Haman wieder zu sich und fragte ihn: »Was würdest du einem Manne tun, den der König belohnen will?« Haman dachte, dass der König nicht mehr böse auf ihn war und ihn belohnen wollte. Also sagte er: »Dieser Mann, den du belohnen willst, der soll die Königskleider anziehen, er soll sich auf das Pferd des Königs setzen, durch die Straßen reiten und einer soll den Zaum des Pferdes halten und ausrufen: So geschieht es dem Manne, den der König ehren will!«

Haman glaubte, dass er es sei, den der König ehren wollte und freute sich schon. Aber der König dachte anders und sagte: »Nimm den Juden Mordechai, ziehe ihm die Königskleider an, setze ihn auf's Pferd und du wirst den Zaum des Pferdes halten, das Pferd durch die Straßen führen und ausrufen: So geschieht es dem Manne, den der König ehren will.«

Haman wurde vor Zorn ganz blass, aber es half ihm nicht. Denn wenn der König etwas befahl, dann gab es kein Nein. Haman ging nach Hause und konnte die ganze Nacht vor Ärger nicht schlafen. Seiner Frau Waschti erzählte er aus Scham nicht die Wahrheit, sondern dass er morgen vom König geehrt und auf einem Pferd durch die Stadt geführt werden würde.

Inzwischen hörten alle Leute, was mit Haman und Mordechai geschehen sollte. Sie liefen auf die Straße, um zu sehen, wie der stolze Haman den Mordechai auf dem königlichen Pferde durch die Straßen führt. Denn alle Menschen hassten den Haman, der wegen jeder Kleinigkeit die Menschen bestrafte. Und als Mordechai auf dem Königspferd saß, mit den schönen Kleidern des Königs angezogen, und Haman den Zaum des Pferdes hielt, während er ständig rief »So geschieht es dem Manne, den der König ehren will!«, da klatschten alle Zuschauer in die Hände und sangen: »Lang lebe Mordechai, lang lebe Mordechai!«

Und was tat Waschti? Im Glauben auf dem Pferd sitze ihr Mann, der Haman, schüttete sie, als beide an ihrem Haus vorbeigingen, einen Korb mit Abfall und Dreck aus ihrem Fenster auf den Mann, der das Pferd führte, also auf Haman, denn sie dachte ja, dass es Mordechai war, der ihren Mann auf dem Pferd herumführte.

Nachdem Mordechai in den Palast zurückgekehrt war und Haman für immer verjagt worden war, rief ihn der König zu sich, nahm den Königsring vom Finger und steckte ihn auf einen Finger von Mordechai und sagte: »Jetzt sollst du der Berater des Königs anstelle von Haman sein. Du wirst ab jetzt immer bei mir sein.« Mordechai und die Königin freuten sich sehr.

Nun ließ Mordechai allen Juden sagen, sie sollten wieder ihre schönen Kleider anziehen, fröhlich und lustig sein, denn keiner würde ihnen mehr etwas Böses tun. Da machten die Juden ein großes Fest, tanzten und sangen in den Straßen und nannten die Feier »Purim«. Und jedes Jahr, wenn der 14. Adar kommt, dann freuen sich alle Juden und feiern das Purimfest.[12]

[12] Vgl. auch online unter: www.zwst-hadracha.de/cms/?cat=24 (Zugriff am 10.06.2014).

Lies dir die Geschichte noch einmal durch und nutze die leeren Kästchen, um ähnlich wie in einer Kinderbibel den Text mit Bildern zu illustrieren.
Erkläre z. B. deinen Eltern, warum das Purimfest gefeiert wird.

M 3.2 Rezept für Hamantaschen

Hamantaschen oder Hamanohren[13] (30 Stück)

Teig:
150 g weiche Butter oder Margarine
125 g Zucker
1 Ei
3 EL Milch oder Wasser
½ TL Vanille-Extrakt
250–300 g Mehl
1 TL Backpulver

Füllung:
300 g Mohn ganz oder gemahlen
125 g Honig
60 g heller brauner Zucker
⅛ TL Salz
30 g gehackte Walnüsse oder Mandeln (optional)
1 EL Zitronensaft
½ TL geriebene Zitronenschale
1 gequirltes Ei zum Bestreichen

Die Butter/Margarine und den Zucker mit einem Handrührgerät vermischen. Ei, Milch/Wasser und Vanille dazugeben und so lange schlagen, bis der Teig cremig ist. Mehl und Backpulver mischen und unter die Masse rühren, bis alles gemischt ist.

Den Teig zu einer Kugel formen, in Folie wickeln und im Kühlschrank ca. 3 Stunden oder über Nacht fester werden lassen.

Für die Füllung 125 ml Wasser, Mohn, Honig, braunen Zucker und Salz bei schwacher Hitze ca. 5 Minuten köcheln lassen, bis die Mischung cremig, samtig und weich ist. Dann den Topf vom Herd nehmen und die Zitronenschale sowie den Zitronensaft und ggf. die Nüsse oder Mandeln einrühren. Den Backofen auf 190 Grad vorheizen. Den Teig aus dem Kühlschrank nehmen und ca. 3 mm dick ausrollen. Kreise von ca. 5 cm Durchmesser ausstechen und jeweils einen kleinen Klecks Füllung genau in die Mitte füllen, zusammenklappen und die Ränder verschließen.

Die zwei Ecken des Habmondes etwas hochfalten, genauso mit der runden Seite verfahren, sodass ein Dreieck entsteht.

Die Hamantaschen mit dem gequirlten Ei bestreichen und ca. 14–18 Minuten lang goldbraun backen.

Abkühlen lassen und in einem luftdicht verschließbaren Behälter aufbewahren.

[13] Vgl. auch unter www.ciao.de (Eingabe: Hamantaschen), Zugriff am 01.10.2014.

DIE GESCHICHTE

Kapitel 4: »Der erste Schultag«

Da war er nun also, der erste Schultag. Lena konnte nicht wirklich sagen, dass sie sich darauf gefreut hatte. Die Begegnung mit Sarah hatte ihr zwar gezeigt, dass in Siegen sehr wohl auch nette Menschen wohnten. Aber ob das auch für ihre neue Klasse galt? Was, wenn sie niemand mögen würde? Was, wenn niemand mit ihr sprechen würde? Oder schlimmer noch, sie auslachen würde? Stundenlang hatte sie ausgewählt, was sie heute anziehen wollte. Gestern war so ein schöner Tag gewesen und Lena war gespannt, was sie mit Sarah noch alles erleben könnte. Ja, vielleicht hatte sie gestern ihre erste Freundin in Siegen gefunden. Doch leider ging die nicht auf ihre Schule …

Lena kramte ihr Erinnerungsbuch noch einmal hervor. Da waren doch einige Tipps zu finden:

»Am besten du verhältst dich so wie immer«, »Sei einfach nett zu allen«, »Sei nicht mehr traurig und schließe Freundschaften«, stand da.

Das Buch gab ihr Trost und die Tipps waren wirklich wertvoll. Ja, das wollte Lena tun, Freundschaften schließen. Lena schnappte sich also ihre Lieblingsklamotten, zog sich an und brach nach einem kurzen Frühstück, bei dem sie nicht so viel herunterbekam wie sonst, zur Schule auf. Das Fürst-Johann-Moritz-Gymnasium, ihre neue Schule, war gar nicht so weit weg, sodass sie zu Fuß dorthin gehen konnte. Da Johannes auf die Realschule und Matthias erst auf die Grundschule ging, konnte sie beim Schulweg nicht zusammen mit ihren Brüdern sein. Lena wurde es wieder etwas mulmig, obwohl ihr Mama und Papa noch viel Spaß und viel Erfolg gewünscht hatten. In solchen Situationen legte ihre Mutter ihr dann immer die Hand auf den Kopf und sprach einen Segen. Eigentlich fühlte sie sich für solche Rituale zu alt, aber weil sie es schon immer so gewohnt war, tat das gut. Die Anspannung fiel von ihr ab. Sie fühlte, da war jemand bei ihr, zuverlässig und treu. Sie hatte auch den kleinen Engel eingepackt, den ihr ihre Oma einmal zum Geburtstag geschenkt hatte. Konnte ja nicht schaden.

Vor der Haustür angekommen atmete sie noch einmal tief durch und wollte gerade losgehen, als die Haustür hinter ihr wieder aufging.

Elif und ihre Brüder kamen aus dem Haus und lächelten sie an. Hmm … Lena dachte kurz nach. Hatten die Jungs ihr nicht am Einzugstag erzählt, dass sie auch aufs Fürst-Johann-Moritz-Gymnasium gingen? Elif etwa auch? Die war doch in ihrem Alter … Konnte es sein, dass sie bereits eine ihrer neuen Klassenkameradinnen kannte?

Lena räusperte sich: »Hm. Guten Morgen, Elif, guten Morgen … Ähh …« Sie hatte die beiden Jungen gar nicht nach ihren Namen gefragt. Dass sie 13 und 15 waren, das hatten sie erzählt. Aber so konnte sie die ja jetzt auch nicht ansprechen.

Der Ältere half ihr auf die Sprünge: »So richtig vorgestellt haben wir uns gar nicht, oder? Ich bin Ergün, das ist Metin und das ist unsere kleine Schwester Elif. Dein Name war Lena, richtig?«

»Ja, genau. Wir gehen auf die gleiche Schule, glaube ich.« Und so schloss sich Lena den drei Nachbarskindern an und war heilfroh, nicht allein zur Schule gehen zu müssen. Tatsächlich stellte sich heraus, dass Elif in ihre Klasse ging. Puh, so musste sie zumindest nicht alleine mit dem Lehrer die Klasse betreten, sondern konnte von Elif schon einmal ein paar Klassenkameraden vorgestellt werden.

Und siehe da, schon bevor der Lehrer hereinkam, hatte sie 17 neue Namen gehört und davon 14 schon wieder vergessen. Aber die würde sie schon noch lernen, immer langsam. Bisher waren auch alle wirklich nett zu ihr gewesen, und Elif hatte sie allen sehr lieb vorgestellt. Der Platz neben ihr war auch noch frei und sie setzte sich gleich dorthin, als alle zusammen auf den Klassenlehrer warteten. Die war echt richtig nett, die Elif. Vielleicht könnten sie sich heute nach der Schule noch treffen. Eine Frage brannte Lena nämlich noch unter den Fingernägeln und sie hoffte, dass sie ihr die einfach so stellen konnte, ohne dass Elif beleidigt war. Sie musste unbedingt wissen, warum Elif ein Kopftuch trug.

Dann kam der Lehrer, Herr Müller, in die Klasse. Er sah sehr verwirrt aus. »Hallo Kinder, also eigentlich sollten wir heute eine neue Schülerin bekommen, aber auf dem Flur stand niemand.« Er blickte sich in der Klasse um und sah dann Lena zerstreut an. »Na, wer bist denn du?« Ein Junge lachte: »Aber Herr Müller, das ist doch die Lena. Die ist doch schon eeewig in unserer Klasse. Wissen Sie das nicht?« Die ganze Klasse lachte, Lena auch. Sie gehörte also schon dazu. Der arme Herr Müller blätterte verwirrt im Klassenbuch und seinen Unterlagen. Da musste Lena ihm jetzt aber helfen: »Nein nein, Herr Müller. Ich bin die neue Schülerin, ich bin nur schon mal vorher reingegangen.«

Da war Herr Müller beruhigt, vorher hatte Lena den Eindruck gehabt, er zweifle kurzzeitig an seinem Verstand.

Und so ging auch der erste Schultag ziemlich schnell vorüber. Lena brannte schon darauf, Elif auf dem Rückweg zu fragen, ob sie sich für den Nachmittag nach den Hausaufgaben verabreden wollten, um irgendwo an einen hübschen Ort in Siegen zu gehen und ein wenig zu quatschen.

Elif sagte sofort ja und so machte sich Lena zügig nach dem Mittagessen an ihre Aufgaben, um keine wertvolle Zeit zu verlieren. Hausaufgaben waren so langweilig und eigentlich überflüssig. Die Schüler, die sie nötig gehabt hätten, machten sie nicht oder schrieben sie ab, und die, die sie eigentlich nicht brauchten, verbrachten die schönsten Stunden des Nachmittags damit. Hausaufgaben sollte man gleich freiwillig aufgeben. Um 16 Uhr klingelte sie bei Familie Yilmaz. Elif öffnete ihr die Tür. Die beiden machten sich sofort auf den Weg. Elifs Mama gab ihnen noch Gebäck und eine Flasche Wasser mit und so machten die beiden ein Picknick.

Lena könnte sich daran gewöhnen, ständig selbstgebackene Köstlichkeiten essen zu dürfen. Kochen und Backen konnte Elifs Mama wirklich hervorragend. Das sagte Lena Elif auch und die antwortete: »Dann sei froh, dass ihr nicht im Ramadan hierhergezogen seid.« Lena kramte in ihrem Gedächtnis. Ramadan, das hatte sie schon mal gehört. Sie musste ein ziemlich nachdenkliches Gesicht gemacht haben, denn Elif lachte und erklärte sofort: »Im Moment ist kein Ramadan, aber im neunten Monat in unserem islamischen Kalender fasten wir Muslime. Das machen wir, weil Gott es uns vorgeschrieben hat und in Erinnerung an den Propheten Mohammed, dem wir sehr viel zu verdanken haben. Unter anderem den Koran, unser heiliges Buch. Seine ersten Offenbarungen erhielt er im neunten Monat. Und deshalb fasten wir heute im Ramadan. Bis zum Sonnenuntergang sollen wir dann weder essen noch trinken. Das ist alles nicht wichtig. Wichtig sind dann nur Allah und das Gebet. Aber das Fasten beschränkt sich nicht nur darauf, während des Tages nichts zu essen und zu trinken. Wir sollen auch nicht streiten und z.B. keine Schimpfwörter sagen. Außerdem denken wir an diejenigen, die immer so wenig zu essen haben – Menschen in Not, Menschen auf der Flucht, Menschen in Hungerregionen. Wenn du selbst so viele Stunden nichts getrunken hast, wird dir plötzlich bewusst, wie wertvoll ein Glas Wasser ist. Deshalb ist die Bereitschaft zu spenden, etwas von seinem eigenen Besitz abzugeben am Ende des Ramadans besonders groß.«

Lena krampfte sich der Magen ein wenig zusammen. Von morgens bis zum Sonnenuntergang nichts essen? Und das erzählte Elif ihr bei diesem leckeren Picknick? Da gehörte ganz schön viel Willenskraft dazu. »Und dann? Nach Sonnenuntergang?«, fragte sie.

»Na, dann kommt das Fastenbrechen. Jeden Abend. Das ist immer sehr schön. Wir essen dann alle zusammen, die ganze Familie, manchmal auch noch Freunde. Jeder Abend ist ein riesiges Fest. Und dann sind unsere Mitmenschen wichtig. Wir denken daran, dass wir aufeinander vertrauen können.«

Lena gefiel dieser Brauch gut, also das mit dem Fastenbrechen. Das konnte sie sich gut vorstellen, so ein richtig tolles Festmahl. Sollte sie das auch mal in ihrer Familie einführen? Also … ohne dafür den ganzen Tag nichts zu essen. Einfach zusätzlich. Aber das galt dann bestimmt nicht. Lena grinste bei dem Gedanken an so viel leckeres Essen abends. Bloß von morgens bis abends nichts zu essen und nicht einmal zu trinken, stellte sie sich irre schwierig vor.

Klar, in der Schule hatten sie mal über die christliche Fastenzeit gesprochen. Aber die hatte andere Gründe. Ihre Mutter machte immer bei »Sieben Wochen ohne« mit. Einmal hatte sie keine Schokolade gegessen, einmal ihr Smartphone nicht mehr benutzt, einmal auf Fleisch verzichtet. Ihr Vater hat sich darüber immer lustig gemacht und gesagt, dass sein Gott keine Opfer bräuchte, das hätte wohl mit ihrer katholischen Mutter zu tun.

Aber natürlich durfte man auch bei »Sieben Wochen ohne« über den Tag schon trinken und essen. Sie bewunderte Elif, dass sie das einen Monat lang durchhielt. Da fiel ihr plötzlich wieder ein, was sie Elif die ganze Zeit schon fragen wollte.

»Elif, ich habe noch eine Frage, wenn ich darf?« »Na klar, frag mich einfach.« Lena holte tief Luft: »Also, naja, weißt du, du bist ja so alt wie ich und … hmm … trotzdem musst du schon ein Kopftuch tragen …« Elif kicherte: »Ach, das meinst du. Na, ich MUSS das doch nicht tragen, ich WILL!« Lena stutzte: »Ehrlich? Freiwillig? Auch im Sommer, wenn es richtig heiß ist? Wieso denn?« Elif lachte: »In den Ferien besuchen wir manchmal Verwandte in der Türkei. Da würde ich den Sommer in Siegen jetzt nicht wirklich als heiß bezeichnen. Aber ja, auch im Sommer trage ich das. Vom Schleier steht auch nichts im Koran. Da steht nur, dass Frauen sich züchtig kleiden sollen, in erster Linie als Schutz vor fremden Männern. In unserer Tradition ist dann im Laufe der Jahrhunderte das Tragen des Kopftuchs daraus geworden. Es zeigt, ich bin Muslima und ich stehe dazu. Vielleicht kann man das mit einem Kreuz vergleichen, das manche Christen als Schmuck tragen. Üblich und in manchen Familien verpflichtend ist das zwar erst ab der Pubertät, aber ich gehöre doch auch dazu und ich bin die Jüngste in unserer Familie. Also habe ich irgendwann einfach beschlossen, auch ein Kopftuch zu tragen. Und ich fühle mich wohl damit.«

So hatte Lena das noch gar nicht gesehen. Sie war froh, einmal Elifs Sicht der Dinge zu erfahren. Sie trug das Kopftuch also freiwillig, um ihre Religion und ihre Kultur zu zeigen. Das war ziemlich stark, fand Lena. Sie selbst hatte auch so eine Kreuzkette, aber das hatte sie immer nur als Schmuck gesehen. Dass Elif das als religiöses Bekenntnis betrachtete, erstaunte sie nun.

Den Rest des Nachmittags verbrachten Lena und Elif noch beim Picknick und sie hatten eine Menge Spaß zusammen. So erfuhr Lena eine ganze Menge Dinge über ihre Klasse, die Schule und den Klassenlehrer, der doch eigentlich ganz in Ordnung war.

Abends vor dem Zubettgehen dachte Lena nochmal über den Tag nach. So viel hatte sie erlebt und erfahren. Ihre Eltern schliefen schon und hatten vor lauter Umzugsstress beim Abendessen auch keine Zeit gehabt, ihr zuzuhören. Aber irgendwem musste sie ihre ganzen neuen Erlebnisse doch erzählen. Den ersten Schultag, die Begegnung mit Elif und ihrer Familie und die vielen, vielen Gedanken, die ihr im Kopf herumschwirrten. Da fiel ihr der Brief von Rana wieder ein …

M 4.1 Fasten in Islam und Christentum

»Lena grinste bei dem Gedanken an so viel leckeres Essen abends. Bloß von morgens bis abends nichts zu essen und nicht einmal zu trinken, stellte sie sich irre schwierig vor.
Klar, in der Schule hatten sie mal über die christliche Fastenzeit gesprochen. Aber die hatte andere Gründe. Und da durfte man über den Tag schon trinken und essen ...«

Gehen wir nun dem Ramadan und der christlichen Fastenzeit noch einmal näher auf den Grund. Erstelle dafür einen Steckbrief. Die Kästchen zum Ramadan kannst du aufgrund der gehörten Geschichte schon mit einem Partner bzw. einer Partnerin ausfüllen. Die Kästchen über die christliche Fastenzeit sollst du selbst vervollständigen. Vergleicht danach eure Ergebnisse.

Ramadan und Fastenbrechen		**Christliche Fastenzeit**	
Muslime feiern den Ramadan im .... Monat im islamischen Kalender	Dabei erinnern sie sich an den Propheten	Viele Christen fasten von .... bis	Dabei denken sie an .... und seine ....
Sie verdanken dem Propheten .... eine Niederschrift des	Im .... Monat erhielt er seine ersten	Die Fastenzeit dauert .... Tage	Viele Christen verzichten in dieser Zeit auf ....
Im Ramadan fasten die Muslime von .... bis	In diesem Zeitraum dürfen sie weder .... noch	Spielt die Tageszeit in der christlichen Fastenzeit eine Rolle? ja nein (bitte richtige Antwort einkreisen)	Viele Christen fasten um sich mehr auf ...., sich selbst und ihre Mitmenschen zu konzentrieren
Wichtig sind dann besonders .... und das	Am Abend kommen Familie und Freunde zusammen zum	Am .... ist die Fastenzeit vorbei	An diesem Fest feiern die Christen die Auferstehung ....

M 4.2 E-Mail an Rana

»Abends vor dem Zubettgehen dachte Lena nochmal über den Tag nach. Soviel hatte sie erlebt und erfahren. Ihre Eltern schliefen schon und hatten vor lauter Umzugsstress beim Abendessen auch keine Zeit gehabt, ihr zuzuhören. Aber irgendwem musste sie ihre ganzen neuen Erlebnisse doch erzählen. Den ersten Schultag, die Begegnung mit Elif und ihrer Familie und die vielen, vielen Gedanken, die ihr im Kopf herumschwirrten. Da fiel ihr der Brief von Rana wieder ein …«

Schreibe die E-Mail an Rana.

Von:	Lena.fsvmainz4ever@web.de
An:	rana.bengore@yahoo.com
Betreff:	Hallo Vorbewohner(in)

DIE GESCHICHTE

Kapitel 5: »Der neunarmige Adventskranz«

Als Lenas Wecker klingelte und sie die Augen öffnete, musste sie erst mal blinzeln. Irgendetwas blendete sie. War das etwa? Sie lief so schnell sie konnte zum Fenster. Ja, es war tatsächlich Schnee! In den letzten Monaten hier in Siegen hatte es fast nur geregnet. Oft war die Sonne wirklich nicht zum Vorschein gekommen. Aber außer dem vielen Regen hatte sie viele andere Dinge in den vergangenen Monaten erlebt. Lena dachte daran, wie gut und wie schnell sie sich in Siegen eingelebt hatte und wie einfach es gewesen war, neue Freunde zu finden. Sie fühlte sich so wohl in Siegen, dass sie sogar ihre neuen Freunde vermisst hatte, als sie einmal in Mainz zu Besuch gewesen war. Elif und Lena unternahmen fast jeden Tag etwas miteinander. Auch Sarah war oft dabei. Am 7. Juli hatte Lena sogar den ersten Tag des Monats Ramadan miterlebt. Oh je … Sie konnte sich noch ganz genau daran erinnern, wie sehr Elifs Magen da geknurrt hatte. Es war so laut, dass sie Angst hatte, es würde sogar Herrn Müller an der Tafel auffallen. Zum Glück hatte sich Elif dann doch recht schnell daran gewöhnt, erst am Abend wieder etwas zu essen. Geklagt hatte sie nie. Eher stolz war sie gewesen, beim Ramadan dabei zu sein. Nun war es schon Ende November. Wie schnell die Zeit verging! Heute wollte Lena mit ihrer Mutter einkaufen gehen und die Bastel-Utensilien für den Adventskranz kaufen. Sie freute sich schon sehr darauf. Für sie bedeutete das Basteln des Adventskranzes immer den Beginn der Weihnachtszeit. Da fiel Lena plötzlich etwas ein. Sie hatte doch noch etwas in ihrer Umzugskiste, was sie noch nicht ausgepackt hatte. »Ich werde es auspacken und in meinem Zimmer aufstellen. Dann herrscht auch hier ein bisschen Weihnachtsstimmung«, dachte sie.

1. Unterbrechung

Nachdem Lena ihren Weihnachtsbaum ausgepackt und aufgestellt hatte, ging sie zum Frühstück. Sie sprachen über die bevorstehende Weihnachtszeit und Lenas Mutter erzählte ihr, sie habe gehört, dass die Kinder aus der Nachbarschaft bei einem Krippenspiel mitmachen könnten. Lena war sofort begeistert und nahm sich vor, mehr darüber herauszufinden. Nachdem Lena gemeinsam mit ihrer Mutter die Wohnung weihnachtlich dekoriert hatte, gingen sie am Nachmittag einkaufen. Sie erstanden Kerzen, goldenes Glitzerband – auf ausdrücklichen Wunsch von Lena – und sammelten Tannenzweige für den Adventskranz. Als sie auf dem verschneiten Rückweg waren, ging ein Mädchen direkt vor ihnen. »Die kenn ich doch«, dachte Lena und lief schnell zu ihr. »Sarah! Warte!« Sarah blieb stehen und lachte. Sie freute sich, Lena zu sehen und hörte zu, als Lena ihr von ihren Einkäufen erzählte. Als sie an ihr Haus kamen, schaute Lena ganz verdutzt. »Du Sarah, ihr habt aber einen komischen Adventskranz da drinnen.« »Ach Lena«, Sarah lachte. »Das ist kein Adventskranz. Das ist eine Chanukkia, die mein Papa da aufstellt.« Lena ging näher an das Fenster der Familie Goldberg heran. Was sie da durch das Fenster sehen konnte, war ihr ganz fremd. Sie hatte so etwas allerdings schon einmal ganz kurz gesehen, als Sarah ihre Umzugskartons leer geräumt hatte. Da hatte Sarah ihr ein Bild gezeigt, auf dem auch so etwas drauf gewesen war. War da vielleicht auch so ein Leuchter in dem Karton gewesen?

2. Unterbrechung

Da stand also nun ein Leuchter mit neun Armen in Sarahs Wohnzimmer und Sarahs Vater steckte gerade Kerzen hinein. »Habt ihr etwa neunmal Advent?«, fragte Lena. »Nein!«, Sarah gluckste wieder vergnügt. »Wir feiern heute den ersten Abend des Chanukka-Festes. Komm mit. Ich erzähl dir im Warmen mehr darüber.« Lena ließ ihre Mutter die Einkäufe allein hinauftragen – es gab schließlich einen Aufzug – und verabschiedete sich gleich zu Sarah. Die saß schon im Wohnzimmer auf der Couch und wartete darauf, Lena von Chanukka zu erzählen. »So, los … Erzähl schon, was es damit auf sich hat«, forderte Lena neugierig. »Jaja, mach ich. Wir feiern Chanukka, das heißt übrigens ›Einweihung‹, im jüdischen Monat Kislew. Also dieses Jahr fängt Chanukka schon im November an.« Lena unterbrach sie »Was heißt dieses Jahr? Ist bei euch nicht jedes Fest immer zur gleichen Zeit?« »Nein, wir Juden haben einen anderen Kalender: Unser Jahr ist kürzer und der jüdische Kalender zählt die Jahre ab dem Zeitpunkt der biblischen Schöpfung der Welt, die der jüdische Gelehrte Hillel II. nach den biblischen Chroniken auf das Jahr 3761 v. Chr. berechnete. Dadurch befindet sich der jüdische Kalender bereits im sechsten Jahrtausend. Rechne mal, welches Jahr wir jetzt haben!«

3. Unterbrechung

Lena dachte angestrengt nach: 3761 bis zum Jahr 0, jetzt hatten wir 2015, also 5776, im Kopfrechnen war sie gut. »Wir haben jetzt 5776, klingt komisch, wie Science-Fiction. Was wohl im Jahre 5776 nach christlichem Kalender sein wird?«

»Gelegentlich werden die jüdischen Jahreszahlen aber auch nur dreistellig angegeben, hier wird das jüdische Jahrtausend als bekannt vorausgesetzt. Das klingt dann noch komischer, wenn wir wie im tiefsten Mittelalter im Jahr 776 leben.

Zurück zum Chanukkafest – wir feiern es, um an ein wichtiges Ereignis aus der jüdischen Geschichte zu erinnern, das ungefähr 2200 Jahre zurückliegt. Es ist das Fest des Lichtes und der Wiedereinweihung des Tempels. Das da vorne, was du für einen Adventskranz gehalten hast, ist eine Chanukkia. Acht Tage lang wird jeden Abend kurz nach Sonnenuntergang eine Kerze mehr angezündet. Also am ersten Tag eine, am zweiten Tag die zweite und so weiter.« »Aber wenn ihr das doch acht Tage lang macht, wieso ist dann Platz für neun Kerzen?«, fragte Lena. »Ach, das ist ganz einfach. Eine Chanukkia hat acht Halterungen für die Kerzen, die an den acht Feiertagen angezündet werden. Die neunte Halterung ist für den Diener. Der Diener ist eine zusätzliche Kerze, von der aus die Hauptkerzen, also die anderen acht, entzündet werden. Die Kerzen zünden wir immer von links nach rechts an. Am Ende der acht Tage ist dann der Leuchter ganz hell vom Schein der Kerzen. Wir stellen ihn ans Fenster, damit auch die Leute, die draußen vorbei gehen, die Wärme und Freude spüren können, die das Licht des Leuchters bringt. Heute ist der erste Abend des Chanukka-Festes. Obwohl es Feiertage sind, müssen die Erwachsenen an den acht Tagen arbeiten und die Kinder in die Schule gehen. Aber am Abend versammelt sich dann die ganze Familie mit Freunden und feiert ausgelassen und fröhlich. Nachdem die Kerzen angezündet sind, wird ein besonderes Chanukka-Lied gesungen. Wir Kinder kriegen auch an jedem Abend kleine Geschenke.« »Oh, das ist ja dann quasi wie achtmal Weihnachten«, sagte Lena überrascht. »Ja, so ähnlich«, grinste Sarah. »Aber das Essen ist auch besonders. Es gibt leckere Ölspeisen wie Krapfen oder Latkes.« »Ihr habt ganz schön komische Wörter, Sarah. Erst Purim, dann Brit Mila und jetzt auch noch Chanukka und Latkes. Ganz schön kompliziert.« Lena war ganz verwirrt. War Latkes jetzt auch schon wieder etwas neues Spannendes? »Latkes kennst du, Lena! Das sind Reibekuchen. Die schmecken köstlich! Diese Ölspeisen gibt es, weil sie an das brennende Öl im Tempel erinnern sollen.« »Das klingt toll. Das ist bestimmt ein schönes Fest«. »Oh ja, das ist es. Während wir zusammen feiern, können wir unsere Sorgen vergessen, miteinander singen und reden und so neue Kraft tanken. Außerdem spielen wir noch mit dem Dreidel. Das ist so ein Kreisel …«

4. Unterbrechung

Es klingelte an der Haustür und plötzlich stand Lenas Vater vor ihnen. »Lena, es ist schon sechs Uhr. Du wolltest schon vor einer Stunde zu Hause sein. Kommst du bitte?« Lena war ganz überrascht. Vor lauter spannendem Erzählen hatten sie wohl die Zeit ganz vergessen. Das war aber auch so interessant mit diesem Leuchter und dem Öl und diesem ganzen Chanukka überhaupt und so. Und erst die Geschenke, die man da wahrscheinlich alle bekam. »Ich komme sofort, Papa. Ich muss Sarah nur noch ein paar Sachen fragen!«, sagte Lena. Sie wandte sich zu Sarah: »Also, wenn ihr dann acht Tage lang Geschenke kriegt, was macht ihr denn dann an Weihnachten? Dann müssen ja schon wieder alle Geschenke kaufen?«, Sarah lachte: »Nein, wir feiern gar kein Weihnachten. Stattdessen haben wir das Chanukka-Fest.« »Hm, okay und wie ist das mit …?« »Lena, kommst du?« Lenas Vater wartete ungeduldig im Flur. Widerwillig stand Lena auf und machte sich auf den Weg in ihre Wohnung. Sie wollte Sarah doch noch so viele Dinge fragen. An was für ein Ereignis erinnern die Juden denn nun mit Chanukka? Was war das mit dem Tempel, von dem Sarah da geredet hatte? Und was hat das Ganze mit dem Öl auf sich? Wieso sind es denn genau acht Kerzen? Und dieses Spiel … Dreidel, oder wie das Ding hieß. Was war das? Beim Abendessen fragte sie ihre Eltern, die das allerdings nicht wussten. Lenas Vater erwähnte nur, dass er sich auch schon gefragt hatte, warum die Goldbergs neun Kerzen an ihrem seltsamen Adventsleuchter hatten und warum da so viel Essen auf dem Tisch gestanden hatte. Das konnte Lena ihm nun erklären. Aber ihre Fragen blieben immer noch offen. Sie wollte unbedingt mehr darüber herausfinden. Also setzte sie sich am Abend noch an den Computer und googlete und googlete, bis sie alles herausgefunden hatte, was sie wissen wollte. Diese vielen neuen interessanten Informationen hatten sie ganz müde gemacht. Lena entschied, ins Bett zu gehen und Sarah am nächsten Tag zu erzählen, was sie sonst noch so Spannendes über Chanukka herausgefunden hatte. Nachts träumte sie von dem Wunder, an das die Juden an Chanukka erinnern …

M 5.1 Das Dreidelspiel

Spielregeln[1]

Der Buchstabe Nun »נ« steht für hebr. nes »Wunder«; bedeutet »nimm« – d. h. alles aus der Mitte nehmen.

Der Buchstabe Gimel »ג« steht für hebr. gadol »groß«; bedeutet »gib« – eine vorher abgemachte Menge in die Mittel legen.

Der Buchstabe Hej »ה« steht für hebr. haja »es geschah«; bedeutet »halb« – die Hälfte der Dinge in die Mitte legen.

Der Buchstabe Schin »ש« steht für hebr. scham »dort«; bedeutet »aussetzen« – eine Runde.

1 Vgl. Ursula Sieg, Feste der Religionen. Werkbuch für Schulen und Gemeinden. Düsseldorf 2003, 16.

Bausatz

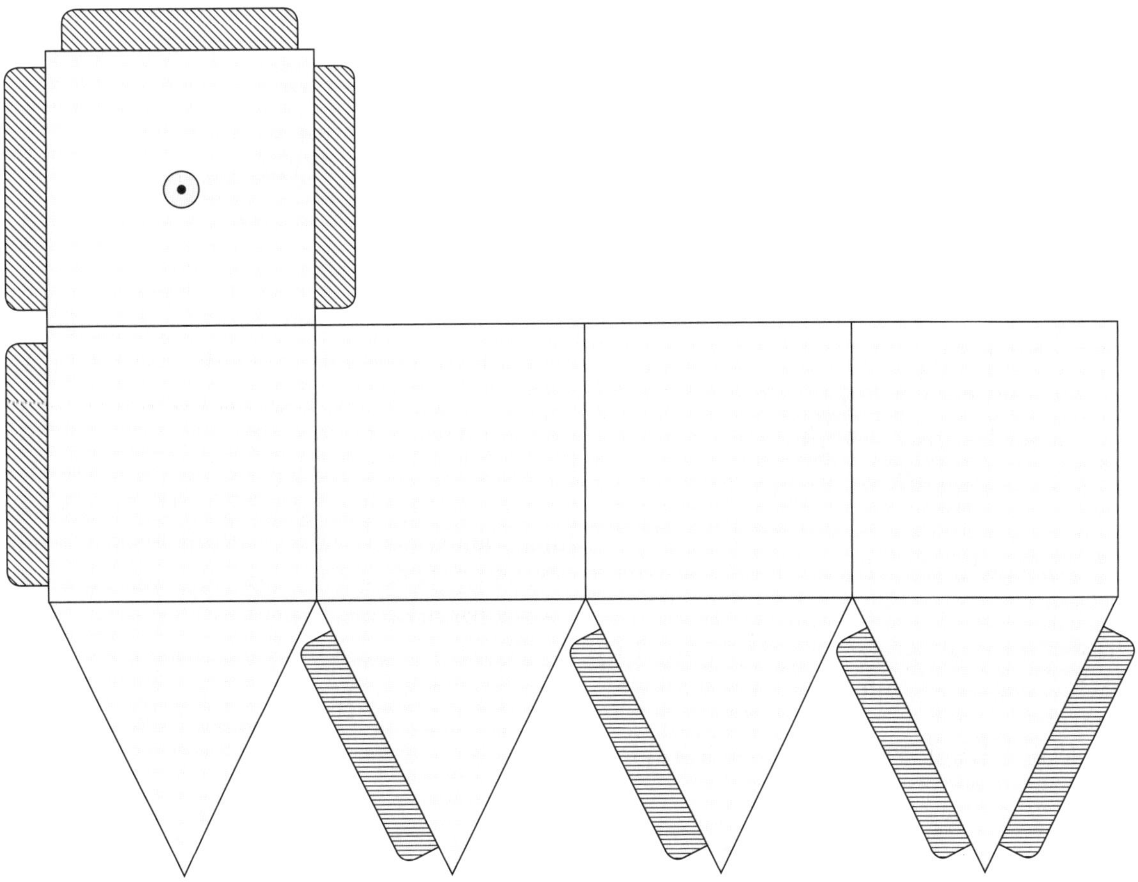

Schreibe jeweils die hebräischen Buchstaben auf die vier Seiten des Würfels. Versuche dir die Bedeutung zu merken oder ergänze sie darunter. Spiele nun das Spiel z. B. mit Schokolinsen.

M 5.2 Infos für das Quiz

Chanukka

1. Der Hintergund

Das Fest hat folgenden Hintergrund: Vor über 2000 Jahren wurden die Juden von einem Herrscher der Seleukiden, Antiochos IV., unterdrückt. Er wollte, dass alle Bewohner seines Reiches die griechischen Götter verehren. Deshalb verbot er die jüdische Religion und ließ viele religiöse Orte (darunter auch Dinge im Tempel) und Gegenstände aus dem Judentum zerstören. Ein mutiger Jude namens Judas Makkabäus widersetzte sich jedoch dem König und plante einen Aufstand gegen ihn. Er war tatsächlich erfolgreich, sodass die Juden ihren Tempel wiederbekamen und ihn neu einweihen konnten. Es heißt, die Juden fanden einen Krug mit ein wenig Öl für den siebenarmigen Leuchter, welches eigentlich nur noch für einen Tag gereicht hätte. Wie durch ein Wunder brannte dieses Öl allerdings ganze acht Tage! Daraufhin schmiedeten die Juden aus ihren Waffen einen neuen Leuchter, der in Erinnerung an dieses Wunder achtarmig war.

2. Das Spiel mit dem Dreidel

Ein Dreidel ist ein kleiner Kreisel, auf dem die vier hebräischen Buchstaben Nun, Gimel, Hej und Schin zu lesen sind. Es sind die Anfangsbuchstaben des Satzes: »Nes gadol hajah scham.« Das bedeutet: »Ein großes Wunder ist dort geschehen.« Damit ist das Wunder mit dem Öl gemeint, das acht Tage lang brannte. Man spielt dieses Spiel mit Smarties, Münzen oder Nüssen.

3. Die Chanukkia

In Erinnerung an das Wunder im Tempel hat der Chanukka-Leuchter heute noch acht Arme (Der mittlere Arm heißt »Diener« und wird nicht mitgezählt.): An jedem Chanukka-Abend wird ein Licht mehr angezündet, immer von rechts nach links, sodass am achten Abend alle acht Kerzen brennen. Und weil der Leuchter zu Chanukka gehört wie der Christbaum zum Weihnachtsfest, wird er »Chanukkia« genannt. Die meisten jüdischen Familien haben sogar mehrere Chanukkias zu Hause: Einen fürs Wohnzimmer, einen fürs Fenster – ja, sogar die Kinder haben ihre eigene Chanukkia im Kinderzimmer stehen. Ganz schön viele Kerzen sind das, aber schließlich heißt Chanukka nicht umsonst »Lichterfest«.

Auf diesem Arbeitsblatt findest du die Informationen, die Lena im Internet über Chanukka gefunden hat. Lies die Informationen und erstelle dann ein Quiz über Chanukka.

M 5.3 Mögliche Fragen und Stichfragen

1. Der Hintergrund

- Wann wurden die Juden von einem Herrscher unterdrückt?
  → vor über 2000 Jahren von dem Seleukiden Antiochos IV.
- Was wollte der Herrscher, der die Juden unterdrückte?
  → dass alle Bewohner seines Reiches die griechischen Götter verehren
  → er verbot die jüdische Religion und ließ viele religiöse Orte und Gegenstände aus dem Judentum zerstören
- Wie hieß der Jude, der sich dem König widersetzte?
  → Judas Makkabäus
- Was fanden die Juden im Tempel?
  → einen Krug mit ein wenig Öl, das nur noch für einen Tag gereicht hätte
- Wie lange hätte das Öl in dem Krug, den die Juden fanden, noch gereicht?
  → einen Tag
- Wie lange hat das Öl in Wirklichkeit gebrannt?
  → acht Tage
- Wie viele Arme hatte der Leuchter, den die Juden schmiedeten, um an dieses Wunder zu erinnern?
  → acht

2. Das Spiel mit dem Dreidel

- Was ist ein Dreidel?
  → ein kleiner Kreisel
- Was kann man auf dem Dreidel lesen?
  → vier hebräische Buchstaben (Nun, Gimel, Hej, Schin)
- Was bedeutet der Satz: Nes gadol hajah scham?
  → Ein großes Wunder ist dort geschehen
- Welches Wunder ist damit gemeint?
  → Das Wunder mit dem Öl, das acht Tage lang brannte

3. Fragen zu Chanukka

- Wie nennt man den Chanukka-Leuchter?
  → Chanukkia
- Warum hat die Channukia heute noch acht Arme?
  → in Erinnerung an das Wunder im Tempel
- Wie und wann werden die Kerzen des Leuchters angezündet?
  → an jedem Abend wird ein Licht mehr angezündet, von rechts nach links
- Wie wird Chanukka auch genannt?
  → Lichterfest

Stichfragen

- Was ist Ramadan?
  → der Fastenmonat im neunten Monat im islamischen Kalender
  → Erinnerung an den Propheten Mohammed (erhielt erste Offenbarungen im neunten Monat)
- Bei welchem jüdischen Fest verkleidet man sich?
  → Purim-Fest
- Warum feiern die Juden Purim?
  → die Königin Esther rettete die Juden in Persien vor Haman, einem Beamten des Königs, denn er wollte alle Juden im Reich umbringen
- Was bedeutet Brit Mila?
  → Beschneidung

M 5.4 Quizfragen – Karten

?

?

?

M 5.5 Das Fenster der Familie Goldberg

Stell dir vor, du bist Lena und gehst gerade mit Sarah am Fenster der Familie Goldberg vorbei, die den ersten Abend des Chanukka-Festes vorbereitet. Male, was du siehst und denke dabei auch daran, die wichtigen Elemente des Festes einzubringen.

DIE GESCHICHTE

Kapitel 6: »Ganz neue Begegnungen«

Weihnachten und Silvester waren so schön gewesen. Lena und ihre Familie hatten zehn Tage ihre Großeltern in Mainz besucht. Dort verbrachten sie die Weihnachtstage mit viel Essen und tollen Geschenken. Natürlich hatte sie auch Jule wiedersehen können. Wenn Lena in Siegen war, war das Heimweh nach Mainz nicht mehr allzu groß. Doch wenn sie wieder einmal ihre Familie und Freunde in Mainz besuchte, merkte sie, dass sie sie doch sehr vermisst hatte.

Nun blieben ihr noch drei letzte freie Tage, bevor die Schule wieder anfing. Sie hatte sich mit Elif verabredet, die sie nun seit einer Woche nicht mehr gesehen hatte.

Sie klingelte, aber nicht Elif machte ihr die Tür auf, sondern Ergün, ihr ältester Bruder! »Hey Lena! Wie geht's dir? Dich habe ich ja schon lange nicht mehr gesehen.« Lena sah Ergün an und merkte, wie ihr Gesicht langsam, aber sicher knallrot wurde. Oh nein, wieso muss denn auch ausgerechnet Ergün die Tür aufmachen. Wie der dastand. Mit seiner Jogginghose und dem Unterhemd sah er einfach zu gut aus! Lena versuchte, die Gedanken in ihrem Kopf beiseite zu schieben und gleichzeitig ihre Gesichtsfarbe wieder unter Kontrolle zu bringen, aber das gestaltete sich mehr als schwierig, weil sie einfach die ganze Zeit seine tollen Oberarme anschauen musste. »Hi«, stammelte sie verlegen, »ähm, ist Elif da?«. Das war das einzige, was sie in diesem Moment herausbekam. Aber da erschien Elif schon in der Tür. »Mach' mal Platz da! Damit ich meine Freundin begrüßen kann!« Sie schubste Ergün beiseite. »Mädchen«, hörte Lena ihn nur murmeln, bevor er in sein Zimmer verschwand. Die Gesichtsfarbe wurde langsam wieder normal. Ein Glück! Denn Elif musste nun wirklich nichts davon mitbekommen. Die beiden Mädchen begrüßten sich und traten ins Wohnzimmer. Dort saßen Elifs Eltern Oktay und Latifa, die Lena ebenfalls begrüßte. Schön, wie oft die Familie zusammensaß, ohne dass der Fernseher lief. Ihr fiel auch auf, dass im Gegensatz zu ihrer Familie ganz häufig Besuch kam, unangemeldet für einen Kaffeebesuch oder auch von weiter her für einige Tage oder sogar Wochen. Ob Ausländer einfach mehr Kontakte brauchten?

Dann gingen die beiden in Elifs Zimmer. »Elif, wie war Weihnachten bei dir?«, fragte Lena. »Ich habe eine neue Kamera bekommen! Jetzt können wir ganz viele tolle Fotos machen! Was hast du für Geschenke bekommen?« Elif sah sie amüsiert an: »Lena, du musst echt noch 'ne Menge lernen. Nicht nur Sarah und ihre Familie feiern kein Weihnachten, sondern auch im Islam wird kein Weihnachten gefeiert.« Lena sah sie schockiert an. Muslime feierten auch kein Weihnachten? Es war ja schon befremdlich, dass Sarah sich den ganzen Spaß entgehen ließ, obwohl sie ja noch einen Ersatz für Weihnachten mit Chanukka hat. Aber Elif feierte auch kein Weihnachten? »Was feiert ihr denn stattdessen?« »Wir haben keinen Ersatz für Weihnachten. Ihr feiert Weihnachten ja, weil an diesem Tag Jesus geboren ist. Aber für den Islam gilt Jesus nicht als Sohn Gottes. Jesus ist zwar auch bedeutend, aber wichtiger ist für uns Mohammed, der höchste Prophet Allahs. Aber er wollte schon zu seinen Lebzeiten nicht, dass seine Person verehrt wurde, ihm ging es allein um Allah. Deshalb versuchen wir, vor allem die Lebensweise des Propheten als vorbildlich zu sehen und auf seinem Weg weiter voran zu kommen.« »Bist du denn nicht traurig, dass wir hier Geschenke zu Weihnachten bekommen und du nicht?« Elif guckte sie nachdenklich an. »Manchmal finde ich es schon ein bisschen blöd, dass ihr alle Geschenke bekommt und wir nicht. Aber manchmal kaufen meine Eltern uns was Schönes, damit wir nicht allzu traurig sind und einige Familien feiern tatsächlich das Weihnachtsfest mit, ohne dabei aber an den christlichen Hintergrund zu denken.« Das ist aber nett von Elifs Eltern, dachte Lena. Elif fuhr fort: »Wir feiern aber auch Feste. Wie du weißt, das Opferfest oder Ramadan und am 12. Januar feiern wir den Geburtstag Mohammeds. Willst du nicht einfach mitkommen?« »Wohin mitkommen?« Sollte sie etwa mit nach Mekka reisen, in die heilige Stadt, in der Mohammed geboren wurde? Das ging ihr jetzt aber doch ein bisschen zu schnell. Und sie bezweifelte, ob ihre Eltern sie da überhaupt mitfliegen lassen würden. Überhaupt, würden sie denn wirklich dahin »fliegen«? Es hieß ja immer, dass man nach Mekka pilgern soll. Das würde aber ein schwieriges Unterfangen werden, wenn sie von Siegen nach Mekka laufen müssten. Wandern nämlich, das tat sie gar nicht gerne. Da müssten sie ja dann doch schon bald los, wenn das überhaupt noch reichte. Elif riss Lena aus ihren Gedanken: »Ja in die Moschee natürlich. Hier in Siegen. Dachtest du, wir würden den Geburtstag in Mekka feiern?« Elif lachte laut. »Quatsch, ich wusste nur nicht, dass es hier in Siegen auch eine Moschee gibt.« Lena war erleichtert. Das hörte sich ja schon viel besser an. Die Sache mit Mekka wäre ihr doch etwas unheimlich gewesen. »Meinst du denn, dass ich da einfach so mitkommen kann?« Sie hatte zwar schon einmal eine Moschee in Mainz-Kostheim besucht, aber damals waren sie nicht zu einer Gebetszeit dort. »Wir fragen einfach mal meine

Eltern. Aber ich denke, das sollte kein Problem sein.« Sie gingen zusammen zu Elifs Eltern, die gerade Tee im Wohnzimmer tranken. Sie mochte das Wohnzimmer der Yilmaz'. Es war so gemütlich eingerichtet, mit vielen Teppichen auf dem Boden, die bunte Muster hatten. An der Wand hingen einige Bilder. Ein Bild stach Lena ganz besonders ins Auge. Darauf war eine Person zu sehen, die vor einem schwarzen Kasten auf einem Teppich kniete. Hinter dem Kopf stiegen Flammen auf. Nur hatte die Person überhaupt kein Gesicht! Dort, wo eigentlich die Augen, die Nase und der Mund waren, war nur weiße Farbe. Ob der Mensch nicht so schön ausgesehen hatte, dass man sein Gesicht nicht malte? Oder ob das Bild zerstört worden war?

Elif fragte ihre Eltern, ob Lena am kommenden Sonntag mit in die Moschee kommen könnte. Sie fanden das eine gute Idee und meinten, dass das überhaupt kein Problem sei. Latifa, Elifs Mutter, freute sich sehr: »Ich finde es sehr schön, dass dich unsere Religion interessiert, Lena. Das haben wir bisher bei den Deutschen nicht allzu häufig erlebt. Über Religion scheint man nicht zu sprechen, genau so wenig wie über das, was man verdient. Wenn du dich für unsere Religion interessierst, zeigen wir dir gerne etwas davon.« Sie beschlossen, dass Lena am 12. Januar um 16 Uhr zu den Yilmaz' zum Essen kommen würde und sie danach gemeinsam in die Moschee gingen, um den Geburtstag des Propheten Mohammed zu feiern.

1. Unterbrechung

Beim Abendbrot erzählte Lena ihrer Familie von ihrem Vorhaben. Auch ihre Eltern fanden es eine gute Idee und waren sehr erfreut, dass die Yilmaz' Lena so freundlich aufnahmen. Gut, dass die nicht so waren wie ihre Großtante. Sie hatte gehört, wie die bei ihrem letzten Besuch zu ihrer Mutter gesagt hatte, als Elif den Nachmittag über bei ihr gewesen war: »Ich würde das nicht erlauben, dass meine Tochter mit so vielen Ausländerinnen ihre Zeit verbringt! Die Beatrice (das war Lenas ältere Cousine) merkt jetzt erst, wie schwierig das mit ihrem türkischen Mann ist. Ob das noch lange gut geht …«

Als Lena abends im Bett lag, dachte sie über den anstehenden Moscheebesuch nach und freute sich darauf. Sie wusste, dass Frauen in der Moschee eine Kopfbedeckung tragen müssen. Elif konnte ihr sicher eines von ihren Kopftüchern ausleihen. Und insgeheim hoffte Lena, dass Ergün auch dabei sein würde. Was er wohl anhaben würde? So modisch wie heute konnte er ja wohl nicht in den Gottesdienst.

Die neun Tage vergingen wie im Flug. Lena war schon ein bisschen vor 16 Uhr bei Elif, da sie sich noch ein Kopftuch aussuchen wollte.

Sie entschied sich für ein blaues mit einem schwarzen Blumenmuster. Elif legte es Lena um den Kopf. Es fühlte sich ein bisschen fremd an, aber Lena fand, dass es ihr gut stand. Um 16 Uhr versammelte sich die ganze Familie – mit Ergün im Anzug – zum Essen an dem großen Tisch im Wohnzimmer. Auch Elifs Großeltern waren gekommen. Lena schmeckte das Essen, aber ein bisschen fremd war es schon. Komisch, dass einem das, was man kannte, immer am besten gefiel, ihr zumindest. Ihr Bruder war da anders. Die Atmosphäre am Tisch war super. Es wurde wild durcheinander geredet und viel gelacht. Durch die lockere Stimmung fiel es auch nicht auf, dass Lena jedes Mal rot anlief, wenn Ergün sprach. Aber sie musste das wirklich unter Kontrolle bringen. Was war nur mit ihr los? So konnte das nicht weitergehen. Sie versuchte sich ein bisschen abzulenken und so fragte Lena nach Mohammed. Über ihn wollte sie mehr erfahren. Elifs Vater Oktay zeigte auf das Bild, das Lena schon bei ihrem letzten Besuch ins Auge gefallen war. »Das ist Mohammed. Du fragst dich sicher, warum er kein Gesicht hat. Im Islam wird es vermieden, Mohammeds Gesicht darzustellen, da die Aufmerksamkeit nicht auf Mohammed selbst und seinem Äußeren liegen soll, sondern auf dem Wort, das die Offenbarung Allahs darstellt. Abbildungen von geschaffenen Wesen waren lange Zeit im Islam ganz verboten, da sie Allahs einzigartige Schöpferkraft in Frage stellten. Später wurde das Bilderverbot etwas gelockert und man ist dazu übergegangen, die Gesichter der Propheten zu verschleiern oder mit einer Flamme zu zeichnen.« Jetzt erklärte sich für Lena einiges, aber sie dachte auch an die vielen Bilder in ihrer Kinderbibel, die ihr wichtig waren. Religion ohne Bilder schien ihr unmöglich. Sie sah vor ihrem inneren Auge Gott als Hirte, Jesus am Kreuz, der Auferstandene bei ihnen auf dem Altarbild. Wie oft hatte sie sich als kleines Mädchen in der Kirche lieber mit den Bildern beschäftigt als zuzuhören.

»Der schwarze Würfel, vor dem er kniet, heißt Kaaba und steht in Mekka.« Lena wurde aus ihren Gedanken gerissen. »Sie wird als ›Haus Gottes‹ bezeichnet und ist das wichtigste Heiligtum im Islam. Unser Opa war schon da, er soll dir mal davon erzählen.« »Also«, der alte Herr räusperte sich, »es war 1998, da …« Plötzlich schaute Latifa auf die Uhr und sagte: »Jetzt müssen wir aber dringend los. Sonst kommen wir noch zu spät.« Nun war Lena aufgeregt.

2. Unterbrechung

Als sie an der Moschee ankamen, war es schon dunkel draußen. Am Eingang sagte Elif zu ihr: »Wir gehen die Treppe hier hoch. Die Männer gehen unten durch die Tür.« Nein! Warum musste sie sich jetzt von Ergün trennen? War jemandem etwas aufgefallen? Elif, ihre Mutter und die Großmutter stiegen schon die Treppe hoch. Lena blickte den Männern hinterher. Ergün drehte sich um: »Bis gleich, Lena«, sagte er und zwinkerte ihr zu. Ihr Magen zuckte. Er hatte ihr zugezwinkert! Ergün Yilmaz hatte ihr zugezwinkert! Jetzt war es endgültig um sie geschehen. Elif kam die Treppe wieder hinunter: »Lena? Kommst du jetzt? Was machst du denn da? Und wieso bist du so rot wie eine Tomate?« Lena antwortete nicht, sondern lief schnell die Treppe hinauf und gelangte auf die Empore. Dort setzte sie sich neben Elifs Mutter. Latifa erklärte Lena, warum die Frauen oben und die Männer unten saßen: »Männer und Frauen sollen nicht zusammen beten, da Frauen beim Gebet nicht von den Männern beobachtet werden sollen. Das lenkt ab.« Ja, das konnte sie jetzt verstehen. Sie würde nur noch Augen für Ergün haben, das war klar. Leider konnte sie ihn nicht sehen, denn er stand relativ weit vorne. Aber sie war ja hier nur zu Besuch, da war Andacht wohl auch nicht so wichtig.

Überall waren Kerzen auf dem Boden und an den Wänden und an der Decke hingen Lampen. Elif flüsterte ihr ins Ohr: »Das ist extra für den Geburtstag so hergerichtet. Der Tag wird nämlich auch Lichterfest genannt.« Lena war begeistert. Das alles sah einfach wunderschön aus. Fast ein bisschen wie bei ihnen an Weihnachten.

»Die Kanzel in der Mitte des Raumes heißt Minbar und dahinter steht der Imam. Das ist der Vorbeter in einer Moschee«, erklärte Elif weiter. Dann ging es los. Zum Glück wurde deutsch gesprochen. Sonst hätte Lena gar nichts verstehen können.

Es wurde aber arabisch aus dem Koran vorgelesen und eine deutsche Predigt gehalten. Zudem wurden Geschichten über Mohammed erzählt. Eben beim Abendessen war Oktay nicht mehr dazu gekommen, Lena noch mehr über Mohammed zu erzählen. Jetzt erfuhr sie die Geschichte von Mohammeds Himmelfahrt. Ihr zufolge ist Mohammed auf seinem Pferd Burak in den Himmel aufgefahren, begleitet vom Erzengel Gabriel. Den kannte sie auch, nur von welcher biblischen Geschichte? Im Himmel traf Mohammed Adam, Noah, Aaron, Mose, Johannes und Jesus. Zuletzt traf er noch Abraham, der das schwarze Gebäude, die Kaaba, in Mekka errichtete. Mohammed konnte bei Allah erreichen, dass die 50 Gebete, die den Muslimen ursprünglich auferlegt waren, auf fünf herabgesetzt wurden, damit das Leben der Muslime leichter würde. Nach seiner Himmelfahrt kehrte Mohammed wieder auf die Erde zurück. Über der Stelle seiner Himmelfahrt steht heute in Jerusalem der Felsendom. Da er mit seinem Pferd in Jerusalem und nicht wieder in Mekka ankam, ist Jerusalem für die Muslime eine heilige Stadt geworden. Jerusalem war also heilig für Muslime, Christen und Juden.

Es wurde auch ein Bild von Mohammed bei seiner Himmelfahrt gezeigt. Auch hier war das Gesicht Mohammeds nicht dargestellt. Lena fand diese Geschichte sehr interessant. Nach gut einer Stunde war die Feier vorbei und alle trafen sich wieder vor der Moschee. »Wie fandest du es, Lena?«, fragte Elif. »Toll!«, antwortete Lena. »Alles sah so schön aus und die Geschichten waren spannend.« Sie fuhren nach Hause und Lena bedankte sich bei den Yilmaz', dass sie sie mitgenommen hatten. »Immer wieder gerne«, sagte Elifs Vater. Lena schloss glücklich, aber müde die Wohnungstür auf und fiel geschafft ins Bett. Das Essen hatte so lecker geschmeckt, die Geschichte von der Himmelfahrt hatte ihr sehr gut gefallen, aber das allerschönste an diesem Abend, ach was, in dieser ganzen Woche, war das zuckersüße Zwinkern von Ergün gewesen, das nur ihr ganz allein gegolten hatte.

M 6.1 Bilderverbot im Islam

Im Koran gibt es kein Bilderverbot. Jedoch wird Gott im Koran als großer und alleiniger Schöpfer und Bildner dargestellt. Deshalb darf ein Künstler diese Schöpfung, die von Gott gemacht ist, nicht wiederholen. Er würde sich mit Gott auf eine Stufe stellen und das ist im Islam verboten.

Außerdem besteht die Gefahr, so die Meinung vieler Muslime, dass ein Bild oder eine Skulptur von den Menschen angebetet werden könnte. Aber im Islam ist nur Allah anbetungswürdig und niemand sonst.

Obwohl es im Koran kein direktes Bilderverbot gibt, entstanden im Islam schnell Traditionen, die jegliche Form von Abbildungen und Statuen, egal ob Mensch oder Tier, verboten. Diese Traditionen gehen auf überlieferte Äußerungen des Propheten Mohammed zurück. Da im Koran kein Bilderverbot zu finden ist, hat das islamische Recht beschlossen, drei Regeln festzulegen:

1. Darstellungen sind erlaubt, soweit sie nicht, neben Gott, religiös verehrt werden. Die Darstellung Gottes ist natürlich verboten.
2. Darstellungen von Gegenständen, die »Schatten werfen«, also Skulpturen, sind verboten, da sie sonst als Figuren »mit einer Seele« angesehen werden könnten. Zeichnungen von Skulpturen auf Papier, an Wänden oder auf Kleidungsstücken sind nicht verboten, aber verwerflich. Sind Skulpturen von Menschen oder Tieren ohne Kopf oder nicht vollständig dargestellt, sind sie erlaubt.
3. Die Darstellung von Lebewesen, also Mensch und Tier, ist in jeder Hinsicht verboten.

Es lässt sich außerdem feststellen, dass bildliche Darstellungen in Kunst und Gebäuden umso stärker vermieden werden,

- je näher das Bau- oder Kunstwerk neben einem religiösen Bereich steht (z. B. Moschee),
- je gläubiger die Menschen in der Nähe des Bau- oder Kunstwerks sind,
- je mehr Menschen der Bereich zugänglich ist, in dem die Abbildung steht.

Mohammed vor der Kaaba (türkische Buchmalerei, 16. Jahrhundert)

Natürlich werden deshalb auch Bilder von biblischen Geschichten vermieden. Wenn sie jedoch gezeigt werden, dann werden die biblischen Figuren ohne Gesicht oder mit einer Flamme davor gemalt.

Es haben sich allerdings andere künstlerische Formen entwickelt, um an Gott zu erinnern. Sehr verbreitet sind kunstvolle Schriftzeichen mit Texten aus dem Koran oder Bilder von Gebetsorten wie z. B. die Kaaba in Mekka oder der Felsendom in Jerusalem.

Heutzutage kann aber von einem absoluten Bilderverbot im Islam nicht mehr die Rede sein.

Beantworte folgende Fragen und bereite dich auf eine Podiumsdiskussion zum Thema »Bilder in den Religionen« vor:

Aus welchen Gründen entstand das Bilderverbot?
Wie wird das Bilderverbot im Islam umgesetzt?
Welche Formen der künstlerischen Verschönerung finden sich z. B. in Moscheen?

M 6.2 Mohammed vor der Kaaba

M 6.3 Bilderverbot im Judentum

Toraschrein der Westend-Synagoge in Frankfurt am Main

In der Thora hat Gott den Menschen in seinen Zehn Geboten ein Bilderverbot auferlegt. Außerdem verbietet er an mehreren Stellen in der Bibel den Israeliten, sich ein Bild von ihm zu machen. Im zweiten Gebot z. B. heißt es:

»Ich bin der HERR, dein Gott, der ich dich aus Ägyptenland, aus der Knechtschaft, geführt hat. Du sollst keine anderen Götter haben neben mir. Du sollst dir kein Bildnis noch irgendein Gleichnis machen, weder von dem, was oben im Himmel, noch von dem, was unten auf Erden, noch von dem, was im Wasser unter der Erde ist: Bete sie nicht an und diene ihnen nicht!« (Ex 20,2–5)

Das Judentum war die erste Religion, die ein Verbot von Bildern ihres Gottes hatte. Denn eigentlich war es üblich, dass göttliche Wesen dargestellt wurden, um ihre Anwesenheit deutlich zu machen.

Da Gott für das Volk Israel der Schöpfer aller Dinge ist, soll er nicht bildlich dargestellt werden, weil Gott mit nichts auf der Welt vergleichbar ist. Er könnte in seiner Vollkommenheit nicht gezeichnet werden und der Künstler würde sich mit seinem Bild auf eine Stufe mit Gott stellen.

Außerdem möchte Gott selbst entscheiden, wann und wie er sich den Menschen offenbart, das verbietet, ihn auf ein Bild festzulegen. Der Gott der Juden will nicht in einem Kult gezeigt werden, sondern er will in allen Lebensbereichen der Menschen verehrt werden.

Gott hat sich den Juden von Anfang an durch sein Wort in der Heiligen Schrift offenbart. Deshalb gilt das Bilderverbot nur für Gegenstände und Bilddarstellungen. Sprachbilder wie z. B. Vergleiche (Gott ist wie ein Vater) sind erlaubt.

So ist das Judentum eine Religion des Hörens und nicht des Sehens. Deswegen gilt jede Form von göttlichen Darstellungen und das Aufstellen von Bildern und Statuen als Götzendienst (Anbetung von fremden Göttern) und wird als Sünde angesehen.

Das Judentum ist deshalb bis heute eine weitestgehend bildlose Religion geblieben.

Beantworte folgende Fragen und bereite dich auf eine Podiumsdiskussion zum Thema »Bilder in den Religionen« vor:

Worauf gründet das jüdische Bilderverbot?
Was unterschied das Judentum damals von anderen Religionen?
Wie wird das Bilderverbot heute umgesetzt?

M 6.4 Bilderverbot im Christentum

Die Ikone der Gottesmutter von Vladimir (spätes 11. oder frühes 12. Jahrhundert)

Mit der Abspaltung der frühen Christen vom Judentum wurden die fünf Bücher Mose und andere heilige Schriften, in denen das Bilderverbot enthalten ist, übernommen. Dieses galt deshalb auch für die Christen.

Deshalb gab es drei Jahrhunderte lang im Christentum wohl kaum Bilder. Dies ist nicht nur aufgrund des Bilderverbots aus dem Alten Testament zu begründen, sondern auch, weil die Christen den Kaiserkult der Römer ablehnten.

Jedoch kamen später bildliche Darstellungen im Christentum auf, was sehr wahrscheinlich auf den Einfluss der römischen Kunst zurückzuführen ist. Von Anfang an wird Jesus Christus als Hirte oder Heiland gezeigt. Aber manche Christen wollten auch Gott darstellen. Eine der ersten symbolischen Annäherung an eine Gottesdarstellung im Christentum ist das Bild der Hand Gottes oder Gott wird als Flamme abgebildet. Bald kam es aber zu Streitigkeiten, ob man Gott so darstellen dürfe oder nicht. Wenn man Jesusbilder malt, darf man dann nicht auch Gottesbilder malen? Deshalb wurde auf einer Versammlung beschlossen, dass Gottesbilder erlaubt sind, sofern sie nicht angebetet werden und nur der Andacht dienen.

Später wurden im Christentum auch Ikonen verehrt, die bis heute in der orthodoxen Kirche ganz wichtig sind. Das sind Darstellungen von heiligen Menschen. Diesen Bildern werden manchmal auch besondere Kräfte zugeschrieben, weil sie eine Verbindung zwischen dem Betrachter und dem Dargestellten herstellen sollen.

Heutzutage gibt es im Christentum also kein Bilderverbot mehr. Alle Christen müssen aber wissen, dass Bilder niemals Gott selbst darstellen können, sondern die Bilder nur auf ihn hinweisen.

Nahezu jede Kirche ist mit Bildern und Zeichnungen von biblischen Geschichten geschmückt. Besonders in katholischen Kirchen werden oftmals auch Maria, die Mutter Jesu, und andere Heilige dargestellt.

In evangelisch-reformierten Kirchen dagegen sind keine Bilder zu finden, da den Reformierten das Darstellen von Gott und anderen biblischen Personen zu weit geht und sie fürchten, dass man sich durch diese Bilder doch ein Bild von Gott macht. Dort findet man manchmal nicht einmal ein Kreuzsymbol.

Beantworte folgende Fragen und bereite dich auf eine Podiumsdiskussion zum Thema »Bilder in den Religionen« vor:

Wie kam es zum christlichen Bilderverbot?
Welche christlichen Bilder gibt es in katholischen und evangelischen Kirchen und wann sind diese erlaubt?
Gibt es eine Konfession, die auf Bilder verzichtet?

DIE GESCHICHTE

Kapitel 7: »Eine Reise in die Vergangenheit«

»Sarah!«, hörte man ein Mädchen auf der Straße rufen und wieder: »Sarah! Warte bitte auf mich.« Neugierig drehte sich Sarah um und erkannte Lena, die auf sie zu gerannt kam. »Hallo Lena. Was ist denn los?«, fragte Sarah, die gerade an einem Knäckebrot knabberte, »Du siehst so gequält aus?« »Äh, ich war beim Bäcker. Da gibt es leckere neue Teilchen mit Apfelfüllung. Die musste ich mir gerade gönnen, als Ausgleich für mein tristes Sklavendasein.« Sarah sah sie verwirrt an, sie verstand nicht. »Ich komme mir vor, als wäre ich nur noch der Haussklave meiner Familie, nur weil ich ein Mädchen bin. Meine Brüder müssen viel weniger mithelfen. Lena hier, Lena da. Erst musste ich die Küche aufräumen, dann das Treppenhaus wischen, weil wir diese Woche Flurdienst haben ›Bitte ganz ordentlich, dass die Nachbarn nicht schimpfen!‹«, Lena machte die Stimme ihrer Mutter nach. »Und dann wollte meine Mutter noch, dass ich eine Maschine Wäsche im Keller aufhänge – ich hätte ja so viel Zeit. Da bin ich getürmt und habe zum Abschied geschrien ›Deine Sklavin hat sich befreit!‹ und dann habe ich das Moselied zitiert, das wir heute im Reliunterricht gelernt haben: ›Ich singe dem Herrn ein Lied, denn er ist hoch und erhaben, Rosse und Reiter warf er ins Meer!‹. Ob meine Mutter verstanden hat, dass ich sie damit mit den Sklavenhaltern, den Ägyptern, gleichgesetzt habe, weiß ich nicht. Zumindest hat es mir gereicht und ich musste mich befreien. Jetzt mit dem Teilchen im Mund geht es mir langsam wieder besser. Befreiung fühlt sich gut an, von der Schule sollten wir uns auch mal befreien!«

Sarah antwortete: »Wir haben sogar ein Fest, bei dem wir jedes Jahr an die Befreiung aus der Sklaverei denken – Pessach, kennst du das? Wir feiern es immer im Frühling.« Sarah bekam einen fragenden Blick von Lena zugeworfen. »Nein, davon habe ich noch nichts gehört. Was ist das denn für ein Fest? Wann wart ihr denn Sklaven? Bekommt ihr da auch Geschenke?« Gespannt wartete Lena auf Sarahs Antwort. Sie hat ja schon viel von ihren Freundinnen erfahren und kennengelernt. Jetzt wusste sie, was das Beschneidungsfest, die Brit Mila war. Chanukka kannte sie auch und das muslimische Gebet von ihrer Freundin Elif war ihr nicht mehr fremd. Sogar den Geburtstag von Mohammed hatte sie mitgefeiert. Durfte man das als Christin überhaupt, hatte sie ihre Oma gefragt.

Bei dem Namen Pessach würde es sich bestimmt wieder um ein religiöses Fest der Juden handeln, dachte sich Lena und war schon gespannt auf Sarahs Antwort. »Das Fest Pessach ist ein Fest, das wir nur mit der Familie feiern. Man nennt es auch das Fest der ungesäuerten Brote.« »Ungesäuerte Brote?«, fragte Lena und ließ Sarah nicht einmal aussprechen. So was hatte sie noch nie gehört. Bei ihnen waren Brote nie sauer, es sei denn, man aß sie mit sauren Gurken belegt. »Lena, du hast ja schon einige Feste bei uns miterlebt, die Beschneidung meines kleinen Bruders Levi und das Chanukkafest. Es gibt aber noch viel mehr Feste bei uns. Zum Beispiel das Schawuot, eine Art Erntedankfest, oder das Laubhüttenfest. Die Laubhütten sollen uns an die Zeit in der Wüste erinnern. Letztes Jahr haben wir dieses Fest in Israel gefeiert und wir Kinder haben eine Woche in einer Laubhütte verbracht. Das war ein Spaß! Aber eines meiner Lieblingsfeste ist das Pessachfest. Das Fest beginnt am 15. Nissan. Dass die Monate bei uns anders heißen, weißt du ja schon, oder? Die Tage davor bin ich Haussklavin: Mama versucht, die Wohnung blitzeblank aufzuräumen und zu putzen. Da muss ich natürlich helfen. Es ist nämlich wichtig, dass wir gar kein gesäuertes Gebäck irgendwo liegen haben. Es kann ja schon mal sein, dass ein Stückchen von einem Brötchen unter dem Tisch in der Küche liegt oder dass Levi ein Brötchen gegessen und die Reste in den Ecken liegen gelassen hat. Gerade bei seinen Spielsachen müssen wir immer besonders gründlich nachschauen. Am Vorabend des Erev Pessach durchsuchen wir dann die ganze Wohnung noch einmal, ob auch nichts übersehen wurde. Mutter hat dafür absichtlich eine abgezählte Anzahl von eingepackten Brot- und Kuchenkrümeln – wir nennen das ›Chametz‹ – versteckt, die wir finden müssen. Das macht immer wieder Spaß, weil sie manchmal am Ende selbst scharf nachdenken muss, wo das letzte Päckchen liegt.« Aufmerksam hörte Lena zu, während die beiden Freundinnen auf einer Bank vor dem Hochhaus saßen. »Und wenn alles sauber ist?«, fragte Lena. »Dann können Levi und ich uns schon bettfertig machen und meine Eltern bereiten alles für den wichtigsten der sieben Tage vor. Meine Mama deckt dann ganz besonderes Geschirr auf, das wir nur an diesem einen Abend benutzen. Der Abend wird auch Seder-Abend genannt, weil alles nach einer bestimmten Reihenfolge und Ordnung abläuft. Diesen Tag finde ich am besten. Mein Papa erzählt dann immer ganz spannende Geschichten von unseren Vorfahren, die Sklaven waren und aus Ägypten auswandern wollten. Das haben sie zum Schluss auch getan. Die Geschichte kennst du doch. Da geht es um Mose, den habt ihr doch gerade als Thema im Religionsunterricht. Bei meiner Freundin Betty habe ich in deren Kinderbibel mal ganz viele

Bilder dazu gesehen und sie hat mir erzählt, dass sie das auch schon mal in der dritten Klasse behandelt hat. Ihr nicht?«, Lena schüttelte den Kopf. »Die mussten sogar ganz lange durch eine Wüste gehen, bis sie am Ziel angekommen waren. Mein Papa sagt immer dazu ›das von Gott verheißene Land‹«. Sarah machte eine Pause. Die Zeit nutzte Lena: »Eure Vorfahren waren also die Sklaven in Ägypten? Das hört sich ja grausam an. Wie ist es denn dazu gekommen?« So erzählte Sarah die Geschichte des Volkes Israel und der Zeit ihrer Sklaverei – viel spannender als das im Religionsunterricht passiert war.

Unterbrechung

»Also dann esst ihr eine Woche lang nur ungesäuertes Brot? Was ist das denn eigentlich?« »Das habe ich meine Mama auch gefragt. Sie meinte, in das Brot, das sie backt, darf keine Hefe rein, nur Wasser und Mehl. Und vom Zeitpunkt des Anrührens bis zum Ende des Backens dürfen nicht mehr als 18 Minuten vergehen. Das sieht ganz anders aus als die ganzen Brote beim Bäcker. Es ist ganz dünn, hart und hat viele Löcher. Und Mama hat noch gesagt, wenn da Hefe, Salz oder sowas rein kommt, dann ist es ein gesäuertes Brot.« »Also ist das ungesäuerte Brot so ähnlich wie das Knäckebrot, das du vorhin gegessen hast?«, vergewisserte sich Lena. »Ja, so kann man sich das in etwa vorstellen.« »Und was wird dann in der Woche noch so gemacht? Oder an dem, wie heißt der Abend nochmal? Senderabend?«, fragte Lena unsicher. Sarah lachte. »Nein, der heißt Seder-Abend. Da singen wir Lieder und sprechen Gebete, so wie es die Haggadah vorgibt. Und mein Vater zeigt uns Bilder, mit denen er uns die Geschichte erzählt. Aber das Wichtigste an diesem Abend ist das ›Mahl‹, bei dem wir ganz bestimmte Sachen essen. Meine Eltern stellen die Sachen immer zusammen. Da sind dann so Zutaten wie das Brot, das meine Mama backt, Bitterkräuter, grünes Kraut, Lammkeule mit wenig Fleisch und Ei. Meine Eltern trinken immer roten Wein dazu und uns geben sie Traubensaft. Dann macht meine Mama auch immer so ein Fruchtmus. Da sind Äpfel und Rosinen und Nüsse und noch etwas reingemischt. Ich weiß aber nicht genau, was da noch drin ist. Da muss ich nochmal meine Mama fragen. Was nicht ganz so gut schmeckt, ist das Salzwasser, in das wir die Bitterkräuter immer eintunken, bevor wir die essen.«

Plötzlich rief Sarahs Mutter von oben aus dem Fenster zum Abendessen. Mit großen Schritten nahmen die Freundinnen die langen Treppen bis zu ihren Wohnungen, umarmten sich noch schnell und waren hinter den Türen verschwunden.

M 7 Der Sederteller (1)

Das ungesäuerte Brot (»Mazza«)
Mazza besteht nur aus Mehl (aus einer der fünf Getreidearten Weizen, Gerste, Hafer, Roggen oder Dinkel) und Wasser – sonst nichts. Sie werden schnell angerührt, geknetet und gebacken – bevor der Teig die Möglichkeit hat zu gären und aufzugehen. Da die Israeliten auf der Flucht keine Zeit hatten, Brot zu säuern, erinnern die Mazzen an die Eile der Flucht aus Ägypten.

Die bitteren Kräuter (»Maror«)
Bittere Kräuter erinnern an die Bitterkeit der Sklaverei in Ägypten. Frisch geriebener Meerrettich, Lattich und Chicorée werden hier verwendet.

Der Salat (»Chaseret«)
Der Salat erinnert an die karge Nahrung, aber auch an die Hoffnung (grüne Farbe!) auf das verheißene Land, die es gab.

Die Paste (»Charoset«)
Ein Gemisch aus Äpfeln, Nüssen und Wein, das dem Mörtel und den von den Juden hergestellten Ziegeln ähnelt, in Erinnerung daran, als sie hart für den Pharao arbeiten mussten.

Das Ei (»Bejza«)
Ein hart gekochtes Ei ist ein Zeichen der Zerbrechlichkeit des menschlichen Lebens, aber auch Symbol für Fruchtbarkeit und das neue Leben.

Das Gemüse (»Karpas«)
Ein nicht bitteres Wurzelgemüse (Sellerie, Petersilie, Kartoffel – als Frucht der Erde), welches auf die anstrengende und ermüdende Arbeit der Juden als Sklaven anspielt. Dieses wird in Salzwasser (Tränen!) getaucht und gegessen.

Der Schenkelknochen (»Seroa«)
Eine Lammkeule mit wenig Fleisch stellt das Lamm dar, welches das besondere Pessach-Opfer am Abend des Auszugs aus Ägypten war und jedes Jahr am Nachmittag vor Pessach im Heiligen Tempel dargebracht wurde.

1. Schneide die einzelnen Text- und Bildfelder aus.
2. Ordne die Textfelder den jeweiligen Bildfeldern zu.
3. Klebe das Ergebnis auf ein DIN-A3-Blatt. Beginne mit dem vollständigen Sederteller in der Mitte deines Blattes.
4. Am Pessachfest stellt das jüngste Kind vier Fragen. Kannst du sie jetzt beantworten?
   a) Wodurch unterscheidet sich diese Nacht von anderen?
   b) Warum essen wir heute nur bittere Kräuter, die wir in Salzwasser tunken?
   c) Warum essen wir heute nur ungesäuertes Brot?
   d) Sonst sitzen wir auch aufrecht. Warum lehnen wir uns heute nur an?
5. Wo spielt das Pessachfest im Christentum eine Rolle (denke an die Passionsgeschichte)?

M 7 Der Sederteller (2)

DIE GESCHICHTE

Kapitel 8: »Ein schlechter Tag«

Wumm! Lena warf die Haustür hinter sich zu. Heute war mit Abstand einer der schlimmsten Tage ihres Lebens gewesen. Erst hatten sie eine Mathearbeit geschrieben, in der sie die letzte Aufgabe einfach nicht hatte lösen können. Auch manche andere waren mehr Glücksspiel ohne Jokerkarte gewesen, denn Herr Weinzirl hatte sie alle an Einzeltische gesetzt. Ihr allseits bewährter Joker Sebastian war deshalb nicht verfügbar gewesen. Dann hatte sie einen Streit mit fast allen ihren Mitschülerinnen gehabt, weil sie sich kritisch dazu geäußert hat, dass Andrea angeblich seit drei Wochen mit Julian zusammen wäre. Aber die beiden grüßten sich nicht einmal, wenn sie sich in der Klasse trafen, ja sie schauten sich nicht einmal an. Das wäre doch keine Freundschaft. Darauf war Andrea weinend zusammengebrochen und sie war wüst von allen Seiten beschimpft worden. Noch in den letzten Stunden waren böse Kommentare über WhatsApp eingegangen, was für eine miese Freundin sie sei. Sie wusste schon jetzt, dass sie die nächsten Tage noch viel zu ertragen hätte. Handy-Terror live!

Und dann hatte sie auf dem Nachhauseweg eine Entdeckung gemacht, die wie ein Tritt in den Magen gewesen war. Kaum hatte sie mit Elif den Schulhof verlassen, als sie Ergün vor sich sah, wie er ganz nah und laut lachend neben einem fremden Mädchen herging. Sie war ungefähr in seinem Alter und die beiden sahen ganz schön vertraut miteinander aus. Man, was hat die bloß, was ich nicht habe, ging es Lena durch den Kopf. Sie wollte gerne mehr über das Mädchen erfahren, traute sich aber nicht, Elif zu fragen, aus Angst, diese könnte Verdacht schöpfen. Mit miesepetriger Laune war sie den ganzen Weg hinter den beiden hergegangen und hatte kaum auf Elifs Fragen geachtet. Als sich die beiden dann zum Abschied umarmten, hatte sich Lenas Magen buchstäblich im Kreis gedreht.

Nun war sie endlich zu Hause. Sie wollte nur noch ins Bett und sich die Decke über den Kopf ziehen. Doch kaum war sie durch die Tür, kam schon ihre Mutter auf sie zu und bombardierte Lena mit tausend Fragen. Wie war dein Tag, hast du viele Hausaufgaben, kannst du mir vielleicht mit dem Geschirr helfen und wolltest du nicht gestern schon dein Zimmer aufräumen? Schnell merkte ihre Mutter, dass mit ihr etwas nicht stimmte. Sie war schon immer sehr gut darin gewesen, Lenas Stimmungen zu erkennen. Aber heute konnte ihr die nervige Fragerei ihrer Mutter echt gestohlen bleiben. Irgendwann konnte Lena nicht mehr an sich halten und brüllte: »Ich hasse Siegen! Ich hasse das Leben hier! Die Schule ist furchtbar und ich will einfach nur zurück nach Mainz. Dort war mein Leben noch in Ordnung. Das alles hier ist nur eure Schuld!« Noch bevor ihre Mutter etwas erwidern konnte, schnappte sich Lena ihre Jacke und murmelte beim Herausstürmen: »Ich haue ab. Für immer!«

Kaum war sie draußen angekommen, wurde ihr bewusst, dass sie keine Ahnung hatte, wo sie hingehen sollte. Also setzte sie sich erst einmal hinters Haus auf die Gartenbank. Während sie sich gerade überlegte, ob sie als Schwarzfahrerin nach Mainz kommen konnte oder eher zu ihrer Oma nach Heidelberg fahren oder vielleicht doch lieber wieder hoch zu ihrer Mutter gehen sollte – denn es war ganz schön kalt draußen, hörte sie plötzlich ein komisches Geräusch. Was konnte das nur sein und wo kam es her? Sie lief um das Haus herum und lauschte. Da war es wieder. Wenn sie nicht alles täuschte, kam das Geräusch aus der Wohnung der Goldbergs. Es klang wie das Nebelhorn eines Schiffes. Ob es ein Hilferuf von Sarah war? Vielleicht hatte die heute auch so einen Hammertag. Mit der könnte sie doch reden, sie würden sich trösten. Ehe sie sich versah, stand sie vor deren Tür und klingelte. Es dauerte nicht lange und Sarah machte auf. »Sarah, was war das für ein Geräusch? Kam das aus eurer Wohnung?« Sarah strahlte Lena an und sagte ohne auf Lenas Frage zu achten: »Komm herein! Ich freue mich, dass du da bist. Mein Onkel ist heute zu Besuch gekommen. Er war fast das ganze letzte Jahr in Jerusalem und hat ganz viele tolle Geschenke und Bilder mitgebracht. Willst du nicht hereinkommen und ihn kennenlernen?«

Sarahs Onkel stand mitten im Wohnzimmer vor einer großen Leinwand, auf der er wohl Fotos zeigte. Er trug einen Gebetsschal und hielt ein großes Horn in der Hand. War daher das Geräusch gekommen? Er bat die beiden, sich zu setzen und begann zu erzählen. »Willkommen Lena, ich bin Aaron. Gerade wollte ich anfangen, meiner Familie Bilder von einem Fest namens Rosch ha-Schana zu zeigen. Das Fest ist ungefähr vergleichbar mit eurem Neujahrsfest. Wir feiern es zum Anfang des jüdischen Jahres im Monat Tischri, der bei euch im September oder Oktober liegt. An den ersten zwei Tagen des Jahres besinnen wir uns auf einen Neuanfang. Wir erinnern uns an den Bund, den Gott mit unserem Volk Israel geschlossen hat und daran, dass wir uns untereinander nach Gottes Geboten verhalten sollen. Dann fragen wir, was im letzten Jahr bei uns nicht so gut gelaufen ist und was wir im nächsten Jahr ändern möchten. An diesen Tagen gehen wir in uns und suchen die Versöhnung mit anderen Menschen.« Versöhnung, ja das würde Lena sich auch wünschen. Ein Blick auf ihr Handy zeigte zehn neue Nachrichten. Die wollte sie gar nicht lesen, sie ahnte, welche wüsten Beschimpfungen dabei sein würden. Vielleicht hatte auch ihre Mutter schon geschrieben.

Sarahs Onkel machte eine kurze Pause und Lena nahm all ihren Mut zusammen und fragte: »Und was war das gerade für ein Geräusch, das ich gehört habe?« Aaron lachte und hob das komische Horn auf. Er sammelte all seine Luft und blies tief hinein. Ein lauter, langer Ton kam heraus, der Lena an den Klang einer Posaune erinnerte. »Das ist ein Schofar, ein Widderhorn, mit dem an Rosch ha-Schana in der Synagoge geblasen wird. Dort wird die Geschichte von Abraham und Isaak erzählt, die kennst du doch, und es wird daran erinnert, dass Gott Abraham in letzter Sekunde gestattet, einen Widder anstelle seines Sohnes Isaaks zu opfern. Das Horn, das du hier siehst, ist aus so einem Widderhorn gemacht. Willst du auch einmal versuchen, auf dem Schofarhorn zu spielen?« Oh je, gehört hatte sie schon von Abraham und Isaak, aber diese Geschichte von einer Menschenopferung, nein, die kannte sie nicht. Sie konnte ja aber nicht schon wieder ihr Unwissen zugeben. Irgendwie wussten Muslime und Juden viel besser über ihre Religion Bescheid und das, obwohl sie doch immer den Religionsunterricht besucht hatte und eigentlich auch oft in der Kirche war.

Wie sehr sich Lena auch bemühte, sie bekam keinen einzigen Ton aus dem Schofar heraus. Alle um sie herum lachten laut, als sie nach Luft schnappte. »Mach dir nichts daraus, ich kriege auch nie einen Ton heraus«, sagte Sarah. Jetzt war sie etwas beruhigter und bemerkte das erste Bild auf der Leinwand. Ein langer, weiß gedeckter Tisch war dort zu sehen, auf dem Äpfel, Honig und runde Brote lagen. Auf Lenas fragenden Blick antwortete Aaron: »Das sind traditionelle Speisen, die wir Juden an Rosch ha-Schana essen. Die Äpfel werden mit Honig bestrichen und sollen die Hoffnung symbolisieren, dass das nächste Jahr genauso gut und süß wird.« Aaron wechselte das Bild und Lena sah ein großes imposantes Gebäude vor sich. »Oh, das ist aber eine schöne Synagoge, Onkel Aaron. Haben du und Tante Eva dort im letzten Jahr auch Jom Kippur gefeiert?«, fragte Sarah.

Was eine Synagoge war, wusste Lena zwar, aber was war denn nun wieder dieses Jom Kippur? »Ja, das ist ein Bild unserer Synagoge in Jerusalem«, antwortete Aaron. Auf Lenas fragenden Blick fuhr er fort. »Weißt du Lena, Jom Kippur ist der heiligste Tag für uns Juden und er liegt genau zehn Tage nach Rosch ha-Schana. Er heißt auch Versöhnungstag und dort hoffen wir auf die Vergebung unserer

Sünden und die Versöhnung mit Gott. Um diese zu erhalten, haben wir die Tage zwischen Rosch ha-Schana und Jom Kippur Zeit, um uns unserer Fehler bewusst zu werden und uns mit anderen Menschen zu versöhnen. Am Abend vor Jom Kippur sprechen wir dann in der Synagoge ein Gebet namens Kol-Nidre, das uns von nicht eingehaltenen Versprechen vor Gott und unseren Mitmenschen befreien soll. An Jom Kippur fasten wir den ganzen Tag und beten in der Synagoge um die Vergebung unserer Sünden.«

Als Lena wenig später vor ihrer Haustür stand, fühlte sie sich erneut hundselend. Aarons Erzählung über Rosch ha-Schana und Jom Kippur hatten sie zum Nachdenken gebracht und nun hatte sie ein ganz schlechtes Gewissen ihrer Mutter gegenüber und Andrea gegenüber auch ein bisschen. Sie hätte ja auch einfach still sein können. Warum konnte sie nie ihre Klappe halten und sich solche Kommentare einfach nur denken? Ja, Versöhnung war wichtig. So viele Situationen fielen ihr ein, in denen andere sich mit ihr versöhnt hatten. Sie war eigentlich eher ein unversöhnlicher Typ, nachtragend und lange eingeschnappt. Ihre Brüder waren da ganz anders. Wenn die sich versöhnen wollten, schrieben sie ihr nette Briefe, brachten ihr einen Teller mit einem frischen Honigbrot (das aß sie so gerne) oder schenkten ihr ein Päckchen mit ihren Lieblingskaugummis. Versöhnung wurde da von dem Menschen eingeleitet, der auch schuld oder zumindest mit schuld am Streit war. Hier sollte Versöhnung in einem Ritual erfolgen. Was sollte das denn? Ging das überhaupt? Darüber musste sie noch mal mit Sarah reden. Sie erinnerte sich an eine Kindergottesdienststunde, in der sie Steine mit Dingen beschriftet hatten, an denen sie sich schuldig fühlen, und hatten diese dann im See vor der Kirche versenkt. Sie hatte damals »Fünf Euro« draufgeschrieben. Das bezog sich auf ein Ereignis, als sie mit acht Jahren ihrer Mutter fünf Euro aus dem Geldbeutel geklaut hatte, um mehr Geld für die Kirmes zu haben. Die Gemeindediakonin hatte dann gesagt, dass Gott über diese Taten jetzt ein »Schwamm drüber« machen würde. Da sie noch niemals mit jemandem über ihre Tat gesprochen hatte, fühlte sich das tatsächlich als Erleichterung an. Jetzt war die Situation aber anders. Alles war ganz frisch. Alles, was sie jetzt wollte, war, sich mit ihrer Mutter zu versöhnen.

M 8.1 Das Schofarhorn

M 8.2 Hilfe für das Rollenspiel: mögliche Konflikte

Streit mit den **Eltern** wegen des Taschengeldes: Ein Mädchen/Junge hat seinen Eltern zehn Euro geklaut, um sich die neue CD von Taylor Swift kaufen zu können, weil das Taschengeld nicht gereicht hat.

Streit mit den **Eltern** wegen des Aufräumens: Ein Mädchen/Junge weigert sich, sein Zimmer aufzuräumen, weil sie/er sich in der Zeit lieber mit Freunden trifft.

Streit mit **Geschwistern:** Zwei Geschwister streiten sich um die Fernbedienung und überlegen, wie sie sich gegenseitig ärgern könnten.

Streit mit **Freunden:** Mehrere Schüler mobben sich auf Facebook und in der Klasse entbrennt der Streit zwischen zwei Gruppen.

Streit mit **Freunden:** Eine Schülerin bzw. ein Schüler hört in der Schule, wie andere schlecht über ihn/sie sprechen.

Streit mit **Freunden:** Eine Schülerin bzw. ein Schüler fühlt sich vernachlässigt, weil sich die beste Freundin bzw. der beste Freund in letzter Zeit oft auch mit anderen trifft.

Du kennst Situationen, in denen es mit den Eltern, mit Geschwistern oder mit Freunden Streit gibt. Sammle solche, die bei euch zu Hause häufig vorkommen.
Sucht Gründe, warum es Streit gibt, und schreibt diese auf.
Sucht euch in einer Kleingruppe eine der Situationen aus oder nehmt eine der oben angegebenen und spielt eine solche Streitsituation als Rollenspiel vor. Bleibt dabei aber realistisch!
Welche Möglichkeiten gibt es, sich zu versöhnen? Schreibt verschiedene auf und spielt eine für eure Szene vor.

DIE GESCHICHTE

Kapitel 9: »Alvida«

Hier musste doch irgendwo noch so ein Körbchen sein … Sie wusste ganz genau, dass sie letztes Jahr drei Körbchen geschenkt bekommen hatte. Also musste das dritte ja auch noch hier sein. Wehe, ihre Eltern hatten den einen Korb weggeschmissen oder beim Umzug verloren! Da brauchte Lena einmal in ihrem Leben drei davon und nun konnte sie den einen nicht finden. Lena kroch noch weiter in die Kiste auf dem Dachboden hinein. Da unten sah sie etwas Grünes, neben dem Karnevalskostüm. Ja, das musste er sein! Sie zog daran und … Nein, das war der kleine Kunstweihnachtsbaum. Na toll! »Maaaamaaaa! Wo ist denn der Osterkorb?« Lena rief nach ihrer Mutter, die auf der anderen Seite des Dachbodens nach der Osterdekoration suchte. »Lena, was suchst du?«, rief ihre Mutter und kam näher. »Ja, ich suche den einen Osterkorb, den ich letztes Jahr von Oma und Opa bekommen habe.« »Aber du hast hier doch schon zwei. Wofür brauchst du denn dieses Jahr drei? Willst du nicht nur Sarah und Elif einen Osterkorb machen? Wofür dann der dritte?« Lenas Mutter war irritiert. »Mama, das tut jetzt hier nichts zur Sache. Ich brauche dieses Jahr nun einmal drei Körbe. Und den einen kann ich nicht finden!« Lena war ungeduldig. Wieso musste ihre Mutter immer so viele Fragen stellen? Sie musste nun wirklich nicht wissen, dass Lena neben Sarah und Elif auch Ergün einen Korb schenken wollte. Bei dem Gedanken an ihn lief sie schon wieder rot an. Obwohl sie mittlerweile nicht mehr ganz so rot wurde wie zu früheren Zeiten. Aber es war von enormer Wichtigkeit, dass Ergün dieses Jahr auch einen bekam. Denn seit Lena ihn und dieses Mädchen zusammen gesehen hatte, hatte sie sich einen Plan überlegt, wie sie ihre Konkurrentin ausstechen wollte. Und der erste Schritt war nun einmal dieser Osterkorb. »Also gut. Wenn du den einen nicht findest, dann gebe ich dir einen von unseren«, beruhigte ihre Mutter sie. Sie hatte es längst aufgegeben, Lena immer nach ihren Beweggründen zu fragen. Das Mädchen hatte es schon schwer genug, weil sie nach Siegen gezogen waren, und außerdem schien Lena nun langsam in ein Alter zu kommen, in dem man gerne etwas zickiger reagierte. Lena sagte immer: »Das Alter, in dem Eltern schwierig werden!« Bei dem Gedanken daran schmunzelte ihre Mutter. Sie hatte viel über die Pubertät gelesen, aber die Praxis mit ihrer Tochter war viel schwieriger.

Sie holte Lena einen Osterkorb aus der Dekokiste. »Danke, Mama«, sagte Lena schnell und flitzte mit den drei Körben die Treppe zum Dachboden hinunter. In ihrem Zimmer gestaltete sie drei schöne Osterkörbe mit viel Schokolade und bunten Ostereiern, die sie zusammen mit ihrer Mutter am vorigen Tag bemalt hatte. Bei einem der Körbchen hatte sie sich ganz besonders viel Mühe gegeben, denn das sollte Ergün bekommen. Auf sein Osterei hatte sie Herzchen gemalt. Das würde ihm sicher gefallen.

Am Samstagabend legte Lena zwei Osterkörbe vor die Haustür der Yilmaz' und einen Korb vor Sarahs Tür.

Der Ostersonntag war für Lena ein toller Tag. Zuerst war sie früh morgens um fünf Uhr mit ihren Eltern in die Osternacht in ihrer Siegener Gemeinde gegangen. Sogar Sarah und Elif waren mitgekommen, da sie sich sehr für das Osterfest interessierten. Lena begeisterte die Osternacht jedes Jahr aufs Neue. Zuerst war alles dunkel. Doch dann wurden Kerzen angezündet und die ganze Kirche wurde mit einem Mal hell. Das war eine ganz besondere Atmosphäre. In der Dunkelheit fühlte sie sich zuerst etwas unbehaglich. Aber als sich die Kerzen entzündeten, war dieses Gefühl mit einem Mal verschwunden und Lena fühlte sich überwältigt von diesem Eindruck. Sie dachte daran, als einmal der Strom ausgefallen war, als sie sich allein im Haus befand. Die Erleichterung, als es dann nach kurzer Zeit, aber gefühlten Stunden, wieder hell wurde, würde sie nie vergessen. Auch Sarah und Elif hatte es sehr gut gefallen – selbst wenn sie die langen altertümlichen lutherischen Gebete komisch fanden und beim Klingeln der Glöckchen kicherten. Lena fand es schön, dass nicht nur sie von ihren Religionen lernen konnte, sondern auch die beiden Mädchen vom Christentum.

Zu Hause angekommen hatten ihre Eltern Kleinigkeiten in der Wohnung versteckt und Lena und die Brüder durften sie suchen. Manchmal war es eben doch schön, wenn man noch nicht ganz so groß war – auch wenn Lena sich manchmal schon sehr erwachsen fühlte. Immer noch ein bisschen Kind sein zu dürfen, brachte einem wenigstens noch kleine Ostergeschenke. Für den Nachmittag hatte Lena sich wieder mit ihren beiden Freundinnen Elif und Sarah verabredet. Beide kamen mit ihren Osterkörben bei Lena vorbei. In Lenas Zimmer setzten sich die drei Mädchen auf den Boden. »Vielen Dank für den tollen Osterkorb«, sagte Elif. »Auch von Ergün, er hat sich sehr gefreut. Ähm, Lena, wieso hast du ihm eigentlich auch einen Korb geschenkt? Der ist doch total blöd.« »Ähm, ich hatte einfach drei Körbe und dachte mir, dass ich ihm vielleicht eine Freude damit mache. Ihr habt mich ja schließlich auch mit in die Moschee genommen!«, konterte Lena nicht sehr schlagkräftig und merkte wie ihr die Röte ins Gesicht stieg.

»Ja, danke, Lena! Meiner ist auch wirklich schön«, schloss sich Sarah an. »Hast du die Eier selbst bemalt?« »Aber klar! Das ist eine lange Tradition in unserer Familie«, antwortete Lena. Sie wusste nicht, ob das wirklich eine lange Tradition in ihrer Familie war, aber es hörte sich ziemlich gut an, da die Goldbergs und die Yilmaz' ja auch so viele lange Traditionen hatten. »Aber was hat es eigentlich mit diesen Ostereiern auf sich?«, fragte Sarah. »Hat das eigentliche Osterfest überhaupt irgendetwas mit Eiern zu tun?« »Vielleicht hat Jesus gerne hart gekochte Eier gegessen und um seiner zu gedenken, gibt es jetzt auch Eier an Ostern«, vermutete Elif. »Davon hab ich aber noch nie was gehört«, erwiderte Sarah. »Ehrlich gesagt, weiß ich gar nicht genau, warum das so ist«, sagte Lena. Das waren gute Fragen. Wieso feierte man eigentlich Ostern mit Ostereiern und wieso wurden diese auch noch von einem Osterhasen gebracht? Wer könnte ihr bei diesen Fragen helfen?

Evtl. Unterbrechung

Zum Glück hatte ihre Oma Lena am Telefon über die Fragen mit den Ostereiern und dem Hasen aufklären können. Auf ihre Oma war doch immer Verlass. Jetzt fühlte sich Lena auch nicht mehr ganz so unwissend und konnte Elif und Sarah in der Schule alles darüber erzählen – von dem Frühling und den Symbolen des Lebens, für die das Ei und das Kaninchen, das ja so viele Jungen bekam, stehen.

Aber Ostern war nun vorbei und Lenas Mutter bat sie, ihr beim Wegräumen der Osterdekoration behilflich zu sein. Sie verstauten alles wieder in der großen Umzugskiste auf dem Dachboden. Dabei fiel ihr ein großer bunter Schal ins Auge, der in der Ecke lag. Lena hob ihn auf und schaute ihn sich genauer an. Er war wirklich sehr groß, aber gleichzeitig aus ganz leichtem Stoff, der sich ein bisschen wie Seide anfühlte. Der Schal war rot und orange. Darauf abgebildet waren Elefanten und verschiedene Muster. Alles in allem erinnerte er Lena sehr an Indien.

Indien! Das war es. Der Schal musste Rana gehören. Vielleicht hatten sie ihn hier vergessen, als sie weggezogen waren. »Oh, das ist aber ein schöner Sari«, hörte Lena ihre Mutter hinter sich sagen. »Ein was?«, fragte Lena. »Diesen Schal nennt man Sari. Er wird traditionell von Frauen in Indien getragen«, antwortete ihre Mutter. »Der muss sicher der Familie gehört haben, die vor uns in der Wohnung gewohnt hat. Ich meine, mich erinnern zu können, dass sie wieder zurück nach Indien gezogen sind.« »Ja, genau«, sagte Lena. »Ich habe doch die E-Mail-Adresse von Rana bekommen. Ich schreib direkt mal, dass ich diesen Sari gefunden habe. Vielleicht wird er ja sogar vermisst!« Da fiel ihr wieder ein, dass Rana noch gar nicht auf ihre letzte E-Mail geantwortet hatte. Sie hatte gefragt, ob Rana ein Junge oder ein Mädchen war. Lena überlegte, ob sie wirklich schreiben sollte, denn sie wollte auf keinen Fall nerven. Aber vielleicht hatte er oder sie im Moment nicht so viel Zeit und konnte deswegen nicht antworten. Lena entschied, dass es wichtig war, die Sache mit dem Sari zu klären. Deshalb setzte sie sich an ihren Computer und fing an, Rana eine E-Mail zu schreiben:

Liebe(r) Rana,
ich bin's, Lena. Wie geht es dir in Indien? Du hast gar nicht auf meine letzte E-Mail geantwortet. Hast du im Moment viel zu tun? Hier in Siegen habe ich mich mittlerweile echt gut eingelebt. Heute habe ich mit meiner Mutter die Osterdekoration auf den Dachboden geräumt und da habe ich einen sehr, sehr großen Schal gefunden. Meine Mutter meint, dass er Sari heißt und bei euch in Indien von den Frauen getragen wird. Vielleicht gehört er deiner Mutter und ihr habt ihn hier vergessen, als ihr weggezogen seid? Ich möchte wirklich gerne mehr über dich erfahren und würde mich sehr freuen, bald von dir zu hören.
Viele Grüße, Lena.

Sie schickte die E-Mail ab und konnte es gar nicht erwarten, dass sie eine Antwort bekam. Wie viel Uhr war es jetzt wohl in Indien? Das könnte ja noch eine Weile dauern, wenn Rana jetzt vielleicht schon schlief. Am nächsten Morgen vor der Schule rief sie erwartungsvoll ihre E-Mails ab und siehe da, eine E-Mail von rana.bengore@yahoo.com lag in ihrem Postfach!

Liebe Lena,
es freut mich wirklich sehr, von dir zu hören. Es tut mir leid, dass ich nicht geantwortet habe, aber in letzter Zeit musste ich mich sehr auf die Schule konzentrieren. Ich vermisse Siegen und meine Freunde ein wenig, auch wenn es hier in Indien wirklich schön ist. Auf jeden Fall ist das Wetter hier hunderttausendmal besser als in Siegen. Es ist toll, dass du den Sari gefunden hast. Er gehört wirklich meiner Mutter und sie hatte schon befürchtet, ihn verloren zu haben. Ich hoffe, dass Ostern bei dir sehr schön war? Wir sind ja Hindus, da gibt es kein Ostern. Wir haben ge-

rade das Holi-Fest gefeiert. Das ist das tollste und farbenfreudigste Fest in ganz Indien. Ich habe dir ein paar Bilder und eine Beschreibung des Festes im Anhang beigefügt. Ich habe auch tolle Neuigkeiten! Wir können uns bald richtig kennenlernen! Ich fliege nämlich bald mit meinen Eltern für eine Woche zurück nach Siegen, weil wir auf einer Hochzeit von Freunden eingeladen sind! Dann kann ich dich auch mal besuchen kommen! Viele Grüße zurück und alvida (das bedeutet »Auf Wiedersehen« auf Hindi) sendet dir dein Rana.
P. S. Ich bin übrigens ein Junge!

Lena war begeistert. Sie würde Rana bald kennenlernen! Darauf freute sie sich wirklich sehr. Allerdings musste sie sich da noch ein bisschen zum Hinduismus informieren. Bestimmt gab es auch eine Geschichte zu diesem Holi-Fest, das gab es doch in allen Religionen. Gab es im Hinduismus nicht viele Götter? Und waren die Menschen da nicht in Klassen oder Kasten eingeteilt und man durfte untereinander nicht einmal heiraten? Dazu hatte sie mal eine Folge von »Wissen macht Ah!« gesehen. Da ging es auch um Wiedergeburt und um Erleuchtung und so. Von einem Lichterfest hatte Rana ja geschrieben und im Yogakurs ihrer Mutter brannten auch immer viele Kerzen. Sie würde mal nachschauen.

Als nächstes klickte sie auf die im Anhang beigefügten Dateien und tauchte in die farbenprächtige Welt Indiens ein …

M 9.1 Lichterfeste in den Religionen (1)

Male »Mohammeds Geburtstag« lila, »Holi« hellgrün, »Brit Mila« grau, »Ostern« dunkelgrün, »Purim« gelb, »Chanukka« rot, »Pessach« hellblau, »Ramadan & Fastenbrechen« dunkelblau, »Mohammeds Himmelfahrt« rosa und »Weihnachten« orange an. Ordne den Festen den passenden Text (1.–10.) zu, indem du den Text in derselben Farbe wie das Fest markierst. Umrande dann auch die jeweils passenden Bilder in der Farbe des jeweiligen Festes.

- ☐ Mohammeds Geburtstag
- ☐ Chanukka
- ☐ Pessach
- ☐ Holi
- ☐ Ramadan & Fastenbrechen
- ☐ Brit Mila
- ☐ Mohammeds Himmelfahrt
- ☐ Ostern
- ☐ Weihnachten
- ☐ Purim

1. Acht Tage nach der Geburt eines Jungen findet ein Gottesdienst statt, in dem der Junge beschnitten wird, um die Zugehörigkeit zum Judentum deutlich zu machen.
2. Königin Esther rettete die Menschen vor Haman, einem Beamten des Königs, der alle Juden umbringen lassen wollte.
3. Im neunten Monat im islamischen Kalender zählen tagsüber nur Allah und das Gebet. Nach Sonnenuntergang gibt es ein herrliches Festmahl.
4. Ein Fest des Lichtes und der Wiedereinweihung des Tempels. Acht Tage lang wird jeden Abend eine Kerze mehr angezündet und danach Ölspeisen gegessen.
5. Das Fest erinnert daran, dass Gottes Sohn geboren wurde.
6. Der Geburtstag des höchsten Propheten Allahs wird mit Gebet und vielen Lichtern gefeiert.
7. Jesus wurde gekreuzigt und ist am dritten Tage auferstanden.
8. In Erinnerung an die Vernichtung der Dämonin Holika, wird dieses Fest mit vielen Farben gefeiert.
9. Mohammed reitet auf seinem Pferd Burak in den Himmel und trifft dort auf Gott, der ihm fünf Regeln für ein gutes Leben auferlegt.
10. Dieses Fest wird in Erinnerung an den schnellen Auszug aus Ägypten gefeiert. In einem Festmahl werden bestimmte Speisen eingenommen, die die schwere Zeit während des Auszugs symbolisieren.

M 9.1 Lichterfeste in den Religionen (2)

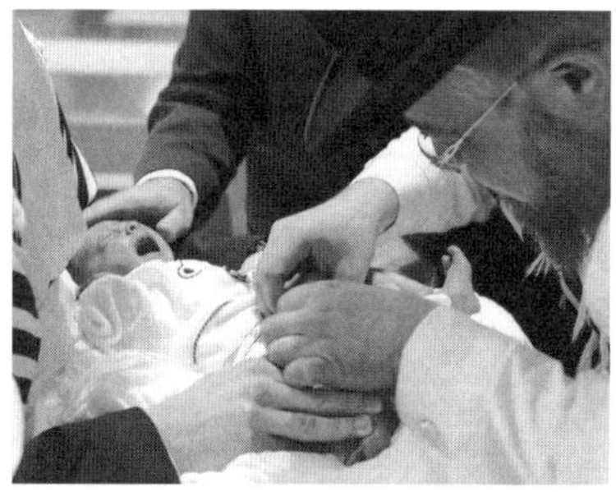

M 9.2 Das Holi-Fest

DIE GESCHICHTE

Kapitel 10: »Rana kommt«

»Und ich sag es dir nochmal, wir kennen den Jungen nicht, also wird er nicht bei uns übernachten!« Lena war entsetzt. Ihre Mutter ließ sich wirklich nicht von ihrer Meinung abbringen. Was sollte sie denn jetzt machen? Rana hatte nochmal eine E-Mail geschrieben. Seine Eltern konnten bei dem befreundeten Brautpaar übernachten, doch er wollte lieber bei seinen alten und neuen Freunden sein. Es schien dort auch wenig Platz zu geben. Als er Lena dann gefragt hatte, ob er vielleicht die Woche bei ihnen unterkommen könnte, hatte Lena vor lauter Aufregung sofort zugesagt, ohne vorher ihre Eltern zu fragen. Das versuchte sie gerade …

»Aber Mama, wir haben doch genug Platz. Er kann doch bei Johannes mit im Zimmer schlafen. Das ist so unfair!« Ihre Mutter schüttelte den Kopf: »Dein Vater und ich übernachten seit wir hier eingezogen sind im Wohnzimmer, wo bitte haben wir genug Platz? Außerdem haben wir mit Johannes' Umzug nach Bethel in den Ferien genug zu tun. Da kann ich mich nicht noch um einen fremden Jungen kümmern.« Lena stiegen die Tränen in die Augen. »Du musst dich nicht um Rana kümmern, das mach' ich schon …«

Ein bisschen wusste sie, dass ihre Mutter Recht hatte. Soviel Platz hatten sie nicht und es war für ihre Eltern momentan stressig genug. Johannes hatte seinen Realschulabschluss geschafft und würde im August seine Ausbildung zum Krankenpfleger in Bethel bei Bielefeld anfangen. Bis dahin gab es noch viel zu tun. Er musste sich eine Wohnung suchen, Möbel kaufen und alles dorthin transportieren. Ihre Eltern hatten versprochen, ihm dabei zu helfen. Außerdem würden sie sich dann ihr Schlafzimmer einrichten.

Die Sommerferien würden für Mama, Papa und Johannes also gefüllt mit Umzugsstress sein. Da war es wirklich nicht ganz einfach, wenn noch ein anderer Mitbewohner eine Woche in diesem Chaos hauste …

Was machte sie denn jetzt nur? Sie war so gespannt darauf, wie er aussah und ob sie sich auch persönlich so viel erzählen konnten wie in ihren E-Mails.

Wo brachte man nun also einen indischen Jungen unter? Ein Hotel wäre unbezahlbar.

Vielleicht sollte sie Sarah oder Elif mal fragen, wie es bei denen zu Hause aussah … Wie praktisch, dass die beiden sowieso gleich vorbeikommen wollten. Lena hatte Muffins für sie gebacken, denn heute war der letzte Schultag und die drei wollten das feiern. Schließlich hatte sie von beiden schon so oft kleine Köstlichkeiten bekommen, dass sie sich mal revanchieren wollte. Und dann könnten die drei nochmal in aller Ruhe das vergangene Schuljahr bequatschen und was sie in den Ferien so vorhatten natürlich.

Es klingelte. Da standen die beiden schon vor der Tür. Lena guckte kurz ins Treppenhaus, ob sie rein zufällig Ergün irgendwo entdecken konnte, aber Fehlanzeige. Als sie merkte, dass ihre Freundinnen sie verdutzt ansahen, wurde sie rot, trat schnell einen Schritt zurück und ließ die beiden herein. Sarah sah die Muffins auf der Spüle und verspürte Appetit: »Hi Lena, hast du gebacken?« fragte Sarah. »Ja, Muffins, also, ich hatte eigentlich viel, viel mehr Muffins gebacken, aber …« Lena stammelte.

Sie hatte die Muffins gestern auf die Spüle gestellt und heute Mittag waren nur noch ziemlich wenige da gewesen. Ihre Brüder, diese Vielfraße, hatten sich über das Gebäck hergemacht und im Laufe des Mittags eine ganze Menge davon aufgegessen. Das hatte ziemlichen Ärger gegeben, aber ein paar Muffins hatten sie ja zum Glück übrig gelassen. Hoffentlich war Rana nicht so gefräßig. Was aß man in Indien eigentlich? Lena merkte schon wieder, dass sie mit den Gedanken ganz woanders war. Sie musste sich die ganzen Fragen, die sie an Rana hatte, am besten mal irgendwo aufschreiben, quasi als Spickzettel.

Die Mädchen setzten sich an den Tisch und begannen zu essen. Es war ein schöner letzter Schultag gewesen, die Lehrerinnen und Lehrer hatten mit ihnen hauptsächlich Spiele gemacht und der Unterricht fand zum Teil sogar draußen statt. Die Sonne schien herrlich, vielleicht würden sie nachher noch ein bisschen zum Spielen rausgehen.

»So, schon wieder ist ein Schuljahr vorbei, ist das nicht unglaublich?« fragte Sarah. Elif und Lena nickten. Das war wirklich schnell gegangen. Lena war nun schon ein Jahr in Siegen und wollte die Zeit und ihre Freunde hier nicht missen. »Wir haben aber auch echt schon einiges erlebt und sooo viele Feste zusammen gefeiert, dass ich da mal nicht durcheinander komme!«, sagte Lena.

»Ach, wir helfen dir. Eigentlich eine gute Idee. Sarah, wollen wir Lena mal ein bisschen abfragen? Mal sehen, was sie sich gemerkt hat!«, meldete sich Elif zu Wort. Sarah fand die Idee super, Lena war nicht so begeistert. Die Schule war doch vorbei, da sollte sie jetzt abgefragt werden? Hoffentlich hatte sie nicht alles wieder vergessen.

»Na gut, wir können es ja mal versuchen. Fragt mich ruhig! Aber am Ende darf ich euch auch Fragen zu christlichen Festen stellen, einverstanden?« Sie waren einverstanden. Und so ging es los.

Unterbrechung 1: Kreuzworträtsel

Wahnsinn, so viele Feste hatten sie gefeiert. Nun war das Rätselraten aber vorbei. Schließlich wollten die drei sich auch mal anderen Gesprächsthemen widmen, wie Jungs zum Beispiel oder der Ferienplanung. Lena konnte beide Themen verbinden, als sie den Mädchen von Ranas angekündigtem Besuch erzählte. Die beiden freuten sich sehr, besonders Sarah schien ganz aus dem Häuschen zu sein. Im Gegensatz zu Lena kannten sie Rana persönlich. Er hatte schließlich eine ganze Zeit lang mit ihnen in einem Haus gewohnt.

»Naja, also er fliegt nächste Woche hierher und bleibt dann eine Woche in Siegen. Und ich hab ihm gesagt, dass er bei uns wohnen kann. Ähm … Ich hab da bloß ein kleines Problem …« Lena wusste gar nicht, wie sie fragen sollte. »Deine Mama erlaubt es nicht, habe ich Recht?«, fragte Sarah. »Ja, leider … Wegen Johannes' Umzugs und aus Platzmangel und weil sie Rana nicht kennt.«

Elif runzelte die Stirn: »Ehrlich? Also, das ist ja komisch. Wir haben ständig jemanden zu Besuch. Viel Platz haben wir auch nicht, aber dann schlafen die Jungs meistens auf dem Sofa und die Gäste in deren Zimmern. Ganz normal …«

Das fand Lena jetzt gar nicht so normal. Ständig jemand anderen in ihrem Bett schlafen zu lassen und dafür selber auf die Couch umzuziehen? Das war doch ihr Bett … Aber dann hätte sie ja vielleicht Glück und Rana könnte bei Familie Yilmaz übernachten. »Elif, würdest du deine Eltern mal fragen, ob das in Ordnung ist, wenn Rana dann in der Zeit bei euch wohnt? Er würde mit Sicherheit auch Essensgeld bezahlen.« »Essensgeld? Lena, lass das bloß meinen Vater nicht hören, dann ist der tödlich beleidigt. Gastfreundschaft steht in unserer Familie an oberster Stelle, aber doch nicht gegen Geld.«

Interessant, was Elif da sagte. Lena wunderte sich schon ein bisschen, dass es in der Familie Yilmaz offensichtlich gar kein Problem sein könnte, jemanden aufzunehmen, auch wenn man ihn nicht sooo gut kannte. Da gab es wieder einen Unterschied zu ihrer Familie. Ob das kulturell bedingt war? Naja, jedenfalls war sie dankbar, dass es so vielleicht klappen würde.

»Ich würde sonst auch fragen«, sagte Sarah, »aber Levi hat im Moment eine schrecklich anstrengende Phase, nachts schreit er oft. Ich weiß nicht, ob Rana da so gut schlafen könnte. Aber …« Jetzt wurde

Sarah rot. »Was ist denn?« fragten die anderen beiden wie aus einem Munde. »Na, wenn Rana da ist, dann können wir aber trotzdem auch alle zusammen was unternehmen, oder? Weil … Ich fand den wirklich sehr, sehr nett. Nur auf meine Briefe hat er nie geantwortet. Vielleicht sind die auch nicht angekommen.«

Da lachten alle, Sarah schien sich wohl ein bisschen in Rana verguckt zu haben. In diesem Moment war Lena einfach nur glücklich, Elif und Sarah als Freundinnen gefunden zu haben. Mit ihnen konnte sie so viel lachen und über alle Dinge sprechen. Lena erinnerte sich noch genau daran, wie unwohl es ihr am Tag ihres Umzugs vor gut einem Jahr zumute war. Ständig musste sie weinen und hatte fürchterliches Heimweh.

Damals hatten ihr die Einträge ihrer ehemaligen Mitschülerinnen und Mitschüler in das Erinnerungsbuch, das Frau Brünning ihr mit auf den Weg gegeben hatte, sehr geholfen. Als Lena sich nun, am letzten Schultag, ins Bett legte, las sie noch einmal einige dieser Einträge, die ihr vor dem ersten Schultag so viel Kraft gegeben hatten.

Etwas wehmütig war Lena schon, aber nur für kurze Zeit. Vor allem war sie glücklich. Die letzte Zeit war so schnell vergangen und sie hatte so viel erlebt, dass sie meistens hundemüde ins Bett gefallen war. Aber heute wollte sie nicht sofort einschlafen, sondern über ihr bisher schönstes Erlebnis in Siegen nachdenken. Vor ihr tauchte das Bild von Ergün auf. Ein bisschen Hoffnung machte sie sich schon noch …

M 10 Kreuzworträtsel: Feste in den Weltreligionen

Fragen senkrecht

1. Was tun gläubige Muslime fünfmal am Tag?
2. Bei welchem jüdischen Fest verkleidet man sich?
3. Was passiert im muslimischen Fastenmonat jeden Abend?
4. Wie heißt das jüdische Fest, das übersetzt »Einweihung« bedeutet?
5. Wohin pilgern viele gläubige Muslime einmal in ihrem Leben?
6. Wie heißt das Widderhorn, in das in der Synagoge geblasen wird?
7. An welchem christlichen Fest wird die Auferstehung Jesu gefeiert?
8. Was wird im Islam nicht abgebildet?
9. »Fest der ungesäuerten Brote«

Fragen waagerecht

1. Wie heißt der Fastenmonat im Islam?
2. Name eines jüdischen Kreisels
3. Wie heißt der Berater des Königs aus der Esther-Geschichte?
4. Name des jüdischen Beschneidungsfestes
5. Jüdisches Versöhnungsfest: Jom …
6. Jüdischer Leuchter mit neun Halterungen/acht Armen
7. Wie heißt der wichtigste Prophet im Islam?
8. Wie heißt das Gotteshaus der Muslime?
9. Welches jüdische Fest ist vergleichbar mit dem Neujahrsfest?
10. Jüdisches Fest, ähnlich dem Erntedankfest (Bedenke: ü = ue!)